SECRETS MERVEILLEUX DE LA MAGIE NATURELLE ET CABALISTIQUE DU PETIT ALBERT

UNICURSAL

Copyright © 2017

Éditions Unicursal Publishers
unicursal.ca

Souple ISBN 978-2-9816136-8-4
Rigide ISBN 978-2-89806-320-6

Première Édition, Eostara 2017

SECRETS

MERVEILLEUX

DE

LA MAGIE NATURELLE

ET CABALISTIQUE

DU PETIT ALBERT,

Traduits exactement sur l'original
latin, intitulé :

ALBERTI PARVI LUCII

Libellus de mirabilibus Naturæ
Arcanis.

Enrichis de Figures mystérieuses
& la maniere de les faire.

Nouvelle Édition, corrigée & augmentée.

A LYON,

Chez les Héritiers de Beringos Fratres;
à l'enseigne d'Agrippa.

M. DCC. LII.

AVERTISSEMENT
qu'il faut lire.

Voici une nouvelle édition du livre des merveilleux secrets du Petit Albert, connu en Latin sous le titre de *Alberti Parvi Lucii Libellus de mirabilibus Naturæ Arcanis* : l'auteur, à qui on l'attribue, ayant été un de ces grands hommes, qui par le peuple ignorant ont été accusés de magie; c'étoit autrefois le sort de tous les grands esprits qui possédoient quelque chose d'extraordinaire dans les sciences, de les traiter de magiciens. C'est peut-être par cette raison que ce petit trésor est devenu si rare; parce que les superstitieux ont fait scrupule de s'en servir, il s'est presque comme perdu : car une personne distinguée dans le monde a eu la curiosité (à ce que l'un assure) d'en offrir plus de mille florins pour un seul exemplaire; encore ne l'a-t-on pu découvrir que depuis peu dans la Bibliotheque d'un très grand Homme qui l'a bien voulu donner, pour ne plus priver le public d'un si riche trésor. On pourra s'en servir à présent à peu de frais, avec utilité & beaucoup de profit. Les curieux ne s'attacheront pas au langage vieux & peu poli de ce livre; on a mieux aimé le laisser comme on l'a trouvé, que d'y changer quelque chose, de peur d'en altérer le véritable sens. Au reste, on ne sera pas fâché que l'on ait ajouté à la fin de ce trésor, encore quelques secrets merveilleux, donnés par une personne d'une grande expérience; & comme il est parlé souvent dans ce recueil, de préparer quelques secrets aux heures des planetes, on trouvera à la fin de ce livre des tables qui marquent l'heure de la levée du soleil pour tous les jours de l'année, afin de ne se point tromper sur les heures que chaque planete gouverne+ : car il faut savoir qu'il faut compter la premiere heure depuis la levée de soleil, & non pas à minuit, comme quelques-uns ont prétendu par erreur.

LE
TRÉSOR
DES MERVEILLEUX
SECRETS

Le véritable curieux, qui désire de pro-
fiter dans les secrets les plus rares
& les plus cachés de la nature, doit, avec
épanchement de coeur, ouvrir les yeux de
son entendement sur ce que je lui ai ra-
massé avec beaucoup de soin & d'exactitude dans ce petit volume.

Il peut bien être appellé un trésor universel, puisque dans sa petitesse il renfer-
me des merveilles capables de faire plaisir
à tout le genre humain. Le noble comme
le roturier; le négociant de ville comme le
laboureur de la campagne; l'Homme de

guerre comme le Pacifique; le Damoiseau comme la Jouvencelle; la Femme grosse comme la Pucelle, & surtout le bon Conducteur de sa famille, prendront tous en gré ce que mes propres expériences ont éprouvé à leur avantage, & pour satisfaire leurs plus vives inclinations & leurs plus empressés desirs.

Or, afin de garder quelque ordre méthodique dans ce mien Ouvrage, & de le rendre plus utile & plus agréable à mes Lecteurs, je distinguerai les matieres chacune séparément, de peur que le mêlange indiscret n'apporte une confusion embarrassante; je veux dire, que quand je traiterai, par exemple, des secrets de l'amour ou de la guerre, je proposerai tout de suite, & sans interruption, ce que je voudrai donner sur ces sujets: ou, si par une liaison naturelle, je traite ailleurs de quelques secrets qui conviennent à l'amour ou à la guerre, j'en avertirai mes lecteurs, en leur indiquant les endroits où ils pourront trouver ces secrets.

Il est bon d'avertir pareillement mes lecteurs, que, tout surprenans que puissent paroître les secrets que je leur propose dans ce petit volume, ils n'excedent point les forces occultes de la nature; c'est-à-dire, de tous les êtres créés qui sont épars dans ce vaste univers, soit dans les cieux, dans les airs, sur la terre & dans les eaux. Car ainsi qu'il est écrit que le sage dominera les astres, par sa prudence, de même doit-on être persuadé que les astres par leurs aimables influences profiteront au sage qui sera instruit de leur ascendant.

Or, il est besoin de savoir que par l'ascendant des astres on doit entendre leurs favorables dispositions entre elles; comme font leurs aspects ou regards, leurs entrées & demeure dans les signes célestes. Par le mot astres, on entend communément les planetes qui ont leur jour propre dans le cours de la semaine; le Soleil pour le dimanche, la Lune pour le lundi, Mars pour le mardi, Mercure pour le mercredi, Jupiter pour le jeudi, Vénus pour le vendredi, Saturne pour le samedi.

Ceux qui n'ont point étudié dans les sciences sublimes de la philosophie & astronomie, pourront, ou consulter les astrologues, ou se servir d'un bon almanach quand ils voudront mettre en pratique quelque secret qui dépend des aspects ou conjonction des astres, afin que l'exactitude qu'ils apporteront dans l'opération qu'ils feront, rendre l'issue bonne, utile & favorable.

Que l'on n'attribue point à magie ou diablerie, si dans quelques-uns des merveilleux secrets que je donnerai, on se sert de certains paroles ou figures; car elles ont leur vertu & efficacité indépendamment de la magie, & les anciens sages hébreux s'en sont servis avec beaucoup de religion. L'histoire & la chronique de France nous apprennent que Charlemagne reçut d'un pape un petit livre qui n'étoit composé que de figures & de paroles mystérieuses, dont ce prince se servit fort heureusement dans une infinité d'occasions, & ce petit livre a pour titre, *Enchiridion Leonis Papæ*. Les merveilles que ce petit livre a produites en faveur de ceux qui s'en sont servis, l'ont rendu recommandable en dépit de ceux qui l'ont voulu décrier comme superstitieux.

Enfin j'avertis mes lecteurs qu'ils ne trouveront rien de commun & de trivial dans ce mien petit ouvrage; c'est comme un extrait & un élixir de ce que la nature perfectionnée & aidée de l'art, a de plus merveilleux dans ses vertus occultes; je ne me laisse point séduire à la vanité en les produisant comme de moi-même & de mon estoc : j'avoue ingénument que je les ai tirés des écrits des plus fameux philosophes qui ont pénétré avec une admirable application tout ce que la nature a de plus curieux & de plus caché; il est vrai que je ne les propose pas ici avec témérité, puisqu'il n'y en a presque pas un dont je n'aie eu le plaisir de faire l'expérience par moi-même.

De l'Amour réciproque de l'Homme & de la Femme.

Comme il n'y a rien de plus naturel à l'Homme d'aimer & de se faire aimer, je commencerai l'ouverture de mon petit Trésor par les Secrets qui conduisent à cette fin, & sans m'amuser à invoquer Venus & Cupidon, qui font les deux Divininités dominantes sur cette noble passsion de l'Homme, je dirai que Dame Nature, qui fait toutes cho ses pour l'Homme, produit tous les jours grand nombre de Créatures qui lui deviennent favorables dans les succès de ses Amours. L'on trouve assez souvent au front du Poulain de la Cavalle un morceau de chair, dont je donne ici la figure, qui est d'un merveilleux usage en fait d'amour; car si l'on peut avoir ce morceau de chair, que les Anciens ont appellé *Hippomanes* on le fera sécher dans un pot de terre neuf vernissé dans un four, quand le pain en est tiré, & en le portant sur foi, & le faisant toucher à la Personne dont on voudra être aimé, on réussira: si

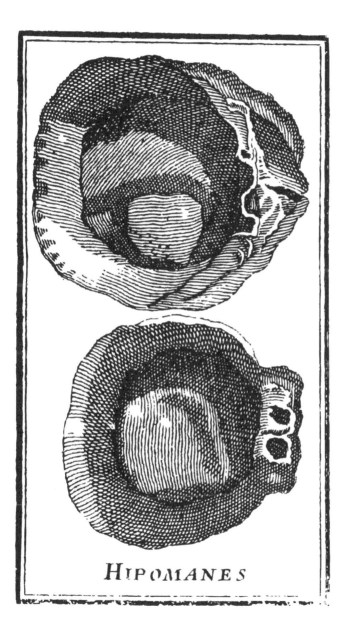

HIPOMANES

l'on peut avoir la commodité d'en faire avaler seulement la gros seur. d'un pois dans quelque liqueur, confiture ou ragoût, l'effet fera en core infaillible; & comme le Ven dredi est le jour consacré à Venus, qui préside aux mysteres d'amour, il fera bon de faire l'expérience ce jour-là. Voïez ce que dit le célébre Jean-Baptiste Porta des surprenantes Propriétés de l'Hippomanes pour causer de l'amour.

Autre pour l'Amour.

Tirez de votre sang un Vendredi du Printems, mettez- le secher au four dans un petit pot, comme est dit ci-des-sus, avec les deux couillons d'un Liévre & le foie d'une Colombe : reduisez le tout en poudre fine, & en faites avaler à la per-sonne sur qui vous aurez quelque dessein, environ la quantité d'une demie dragme; si l'effet ne suit pas à la premiere fois, réite-rez jusqu'à trois fois, & vous ferez aimé.

Autre pour l'Amour.

Vivez chastement au moins cinq ou six jours, & le septieme, qui sera le Vendredi, si faire se peut, mangez & buvez des alimens. de nature chaude qui vous excitent à l'amour & quand vous vous sentirez dans cet état, tâchez d'avoir une conversation familiere avec l'objet de votre passion, & faites en forte qu'elle vous puisse regarder fixement, vous & elle, seulement l'espace d'un Ave Maria : car les raïons visuels se rencontrant mutuellement y seront de si puissans véhicules de l'amour, qu'ils pénétreront jusqu'au coeur, & la plus grande fierté & la plus grande insensibilité ne pourront leur résister. Il est assez difficile de réduire; une fille, qui a de la pudeur, a regarder fixement un jeune homme durant quelque espace de tems; mais on la pourra obliger à cela, en lui disant en badinant, qu'on a appris un Secret de deviner par les yeux si l'on doit être bientôt marié, si l'on vivra long-tems, si l'on sera heureux dans son mariage, ou quelqu'autre chose semblable qui flatte la curiosité de la personne & qui la fasse résoudre à regarder fixement.

Autre pour l'amour.

Ayez une bague d'or garnie d'un petit diamant, qui n'ait point été portée depuis qu'elle est sortie des mains de l'Ouvrier, enveloppez-la d'un petit morceau d'étoffe de soie, & la portez durant neuf jours & neuf nuits, entre chemise & chair à l'opposition de votre coeur. Le neuvieme jour, avant Soleil levé, vous graverez avec un poinçon neuf en dedans de la bague ce mot *Scheva*. Puis tâcherez par quelque moïen d'avoir trois cheveux de la personne dont vous voulez être aimé, & vous les accouplerez avec trois des vôtres, en disant: ô corps, puisse-tu m'aimer, & que ton dessein réussisse aussi ardemment que le mien, par la vertu efficace de *Scheva*. Il faudra nouer ces cheveux en lacs d'amour, en sorte que la bague soit à peuprès enlacée dans le milieu du lac, & l'aïant enveloppée dans l'étoffe de soie, vous la porterez derechef sur votre coeur autres six jours, & le septieme jour vous dégagerez la bague du lac d'amour, & ferez en sorte de la faire recevoir à la personne aimée; toute cette opération se doit faire avant le Soleil levé & à jeun.

Autre pour l'amour.

Pour ne rien dire qui choque la bienséance, je ne copierai point ici ce que j'ai lu dans un très habile médecin, touchant la vertu nompareille du sperme ou semence humaine pour induire à l'amour, d'autant que l'expérience ne s'en peut faire sans violenter la nature qui nous fournit assez d'autres moyens. Aïez donc plutôt recours à l'herbe que l'on nomme *Enula Campana*, dont je donne ici la figure.

Il faut la cueillir à jeun la veille de la S. Jean au mois de juin avant Soleil levé, la faire sécher, réduire en poudre avec de l'ambre gris; & l'aïant portée durant neuf jours sur votre coeur, vous tacherez d'en

Enula Campana

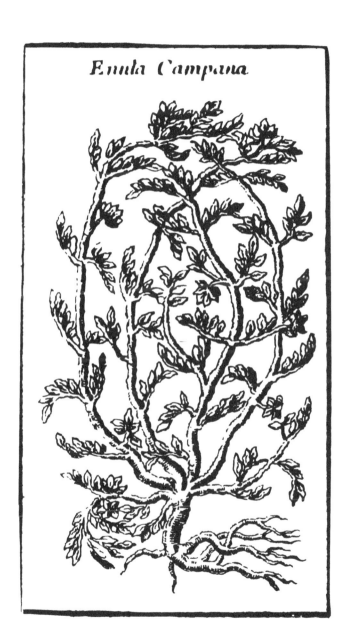

faire avaler à la personne dont vous desi-
rez d'être aimé, & l'effet suivra. Le coeur
d'Hirondelle, de Colombe, de Passereau,
mêlé avec le propre sang de la personne
qui veut se faire aimer, a le même effet.

Autre pour l'amour.

On peut aussi réussir avec beaucoup
de succès dans cette entreprise par le
secours des Talismans faits sous la constellation de Vénus; je donnerai dans la suite
de ce petit ouvrage des modèles gravés en
taille-douce de sept Talismans que l'on peut
faire sous les auspices des sept Planétes, &
je parlerai de la maniere méthodique de les
faire, & des vertus qu'ils renferment: on
pourra voir pour le sujet que je traite celui
de Vénus. Ces Talismans ont été composés
par les plus sages d'entre les Cabalistes, &
sont dressés sur des nombres mystérieux,
& des figures hiéroglifiques convenables
aux Planétes d'où ils tirent leurs propriétés;
ils les ont appellés les cachets ou les sceaux
des Planétes ou célestes Intelligences.

Autre pour l'amour.

Il y a des secrets que l'on appelle chez les
sages Cabalistes, Pomme d'amour, & il
se pratique en cette maniere. Vous irez un
Vendredi matin avant Soleil levé dans un
Verger fruitier, & cueillerez sur un arbre la
plus belle Pomme que vous pourrez; puis
vous écrirez avec votre sang sur un petit
morceau de papier blanc votre nom &
surnom, & en une autre ligne suivante, le
nom & surnom de la personne dont vous
voulez être aimé, & vous tacherez d'avoir
trois de ses cheveux, que vous joindrez
avec trois des vôtre qui vous serviront à
lier le petit billet que vous aurez écrit avec
une autre, sur lequel il n'y aura que le mot
de *Scheva*, aussi écrit de votre sang, puis
vous fondrez la Pomme en deux, vous en
ôterez les pepins, & en leur place vous
y mettrez vos billets liés des cheveux, &
avec deux petits brochettes pointues de
branches de Mirthe verd, vous rejoindrez
proprement les deux moitiés de Pomme
& la ferez sécher au four, en sorte qu'el-

le devienne dure & sans humidité comme les Pommes seches de Carême; vous
l'envelopperez ensuite dans des feuilles
de Laurier & de Mirthe, & tacherez de la
mettre sous le chevet du lit où couche la
personne aimée, sans qu'elle s'en apper-
çoive, & en peu de tems elle vous donnera
des marques de son amour.

Autre pour l'amour.

Il ne suffit pas à l'homme de se faire
aimer de la femme passagérement &
pour une fois seulement; il faut que cela
continue, & que l'amour soit indissoluble,
& par ainsi il a besoin d'avoir des Secrets
pour engager la femme à ne point changer
ou diminuer son amour. Vous prendrez
donc à ce sujet la moelle que vous trouverez dans le pied gauche d'un Loup, vous
en ferez une espece de pommade avec de
l'ambre gris & de la poudre de Cipre, vous
porterez sur vous cette pommade, & vous
la ferez flairer de tems en tems à la femme,
qui vous aimera de plus en plus.

Autre pour l'amour.

Comme il se pourroit faire que la femme se dégoûteroit de l'homme s'il n'étoit robuste dans l'action de Vénus, il doit se précautionner non-seulement par les bons alimens, mais encore par des Secrets que les anciens & modernes Rechercheurs des merveilles de la nature ont éprouvés. Il faut, disent-ils, composer un baume de la cendre de stellion, d'huile de millepertuis & de civette, & en oindre le grand doigt du pied gauche & les reins une heure avant que d'entrer au combat; & l'on en sortira avec honneur & satisfaction de sa Partie.

Autre pour l'amour.

La pommade composée d'oing de jeune Bouc, avec de l'ambre gris & de la civette, produit le même effet, si l'on en frotte le gland du membre viril; car cela produit un chatouillement qui donne un

merveilleux plaisir à la femme dans l'action du coït.

Autre pour l'Amour.

Si le Mari trouve que fa Femme soit de
complexion froide, & ne se plaise au
déduit, qu'il lui fasse manger les couillons
d'Oie, & le ventre de Liévre assaisonnés
de fines épices, & de tems en tems des sa-
lades où il y ait beaucoup de roquette, de
satirion & de céleri avec vinaigre rosat.

Contre le charme de
l'Aiguillette nouée.

Nos Anciens assurent que l'oiseau que
l'on appelle Pivert, est un souverain
remede contre le sortilége de l'Aiguillette
nouée, si on le mange rôti à jeun avec du
sel beni... si on respire la fumée de la dent
brûlée d'un homme mort depuis peu, on
sera pareillement délivré du charme. Le
même effet arrive, si on met du vif-argent
dans un chalumeau de paille d'avoine ou

de paille de froment, & que l'on mette ce chalumeau de paille de froment ou d'avoine sous le chevet du lit où couche celui qui est atteint de ce maléfice... Si l'homme & la femme font affligés de ce charme, il faut pour en être guéris que l'homme pisse à travers de l'anneau nuptial.

Pour nouer l'Aiguillette.

Ayez la verge d'un Loup nouvelle ment tué, & étant proche de la portée de celui que vous voudrez lier, vous l'appellerez par son propre nom, & aussitôt qu'il aura répondu, vous lierez ladite verge du Loup avec un la cet de fil blanc, & il fera rendu si impuissant à l'acte de Vénus, qu'il ne le seroit pas davantage s'il étoit châtré. De bonnes expériences ont fait connoître que pour remédier, & du même pout empêcher cette espéce d'enchantement, il n'y a qu'à porter un anneau dans lequel soit enchassé l'oeil droit d'une Belette.

Pour modérer le trop grand desir de l'action de Vénus dans la femme.

Réduisez en poudre le membre génital d'un Taureau roux, & donnez le poids d'un écu de cette poudre dans un bouillon composé de veau, de pourpier & de laitue à la femme trop convoiteuse; & l'on n'en sera plus importuné, mais au contraire elle aura aversion de l'action vénérienne.

Contre les aiguillons de la chair, & pour vivre chastement.

Quoique les alimens assaisonnés avec laitue & pourpier soient fort utiles pour amortir l'ardeur de la concupiscence, néanmoins comme on n'en trouve pas dans toutes les saisons, & que l'on se pourroit ennuyer de cette mangeaille, à l'imitation des Israélites qui s'ennuyerent de la Manne du Désert, la nature a pourvu de plusiers autres remedes. Vous prendrez donc de la poudre d'Agate, que vous mettrez dans une bande de linge que l'on aura

trempée dans la graisse de Loup, & l'on
ceindre les reins de cette bande en guise de
ceinture; outre cela, l'homme portera sur
soi un coeur de Caille mâle, & la femme
celui d'une Caille femelle, & il aura plus
d'effet s'il est enveloppé dans un morceau
de peau de Loup.

Pour connoître si une Fille est chaste, ou si elle a été corrompue & a engendré.

Vous prendrez du Jeais ou Jayet, que
vous réduirez en poudre impalpable;
vous en ferez prendre le poids d'un écu
à la fille; & si la fille a été corrompue, il
lui sera du tout impossible de retenir son
urine, & il faudra qu'elle pisse incontinent: si au contraire elle est chaste, elle
retiendra son urine plus qu'à l'ordinaire.
L'ambre jaune ou blanc, dont on fait des
colliers & des chapelets, produit la même
épreuve, si l'on s'en sert avec la même préparation que le Jeais ou Jayet: la semence
de Porcelaine, la feuille de Glouteron &

la racine, réduites en poudre, & données à boire dans un bouillon ou autre liqueur, servent fort bien à la même épreuve.

Autre pour le même sujet.

Ayez une aiguillez de fil blanc, mesurez avec ce fil la grosseur du cou de la fille, puis vous doublerez cette mesure, & vous en ferez tenir les deux bouts à la fille avec ses dents, & vous étendrez ladite mesure pour faire passer sa tête dedans; si la tête passe trop aisément, elle est corrompue, si elle ne passe qu'à peine, assurez-vous qu'elle est pucelle.

Pour réparer le pucelage perdu.

Prenez terre bénite de Venise demi-once, un peu de lait provenant des feuilles d'Asperges, un quart d'once de crystal minéral infusé dans un jus de Citron, ou jus de Prunes vertes, un blanc d'oeuf frais avec un peu de farine d'avoine : de tout cela faites un bolus qui ait un peu de consistance, & vous le mettrez dans la nature de la fille défleurée, après l'avoir seringuée avec du lait de Chévre & ointe de pommade de blanc Rasis. Vous n'aurez pas pratiqué ce Secret quatre ou cinq fois, que la fille reviendra en état de tromper la Matrone qui la voudroit visiter... L'eau d'Espargoute distillée avec du jus de Citron, étant seringuée plusieurs jours de suite dans la nature de la fille, produit le même effet, en oignant la partie avec pommade, comme est dit ci-devant.

Pour empêcher que la femme puisse paillarder avec quelqu'un.

Ceux qui sont obligés de s'absenter pour long-tems de leur maison, & qui ont des femmes suspectes & sujettes à caution, pourront, pour leur sûreté, pratiquer ce qui suit. Il faut prendre un peu des cheveux de la femme, & les couper menus comme poussiere; puis aïant enduit le membre viril avec un peu de bon miel, & jetté la poudre de cheveux dessus, on procédera à l'acte vénérien avec la femme, & elle aura ensuite un très grand dégoût pour le déduit: si le Mari veut la faire revenir de ce dégoût, qu'il prenne de ses propres cheveux, qu'il les coupe en poussiere comme il a fait de ceux de la femme, & après avoir oint son membre viril avec du miel & de la civette, & l'avoir saupoudré de ses cheveux, il procédera à l'acte avec contentement de la femme.

Pour rétablir la peau ridée du ventre des jeunes Femmes après plusieurs accouchemens.

Vous composerez une pommade avec de la Térébenthine de Venise, du lait de feuilles d'asperges, du fromage blanc de Vache qui soit aigri, & du cristal minéral, puis aïant frotté le ventre avec une petite éponge empreinte de jus de citron, on appliquera un emplâtre de ladite pommade sur le ventre, & l'on réitérera ce Secret plusieurs fois, & on aura contentement.

Pour faire voir aux Filles ou Veuves, durant la nuit, le mari qu'elles doivent épouser.

Il faut qu'elles aient une petite branche de l'arbre qu'on appelle peuplier, qu'elles la lient d'un ruban de fil blanc avec leurs bas de chausses; & après l'avoir mis sous le chevet da lit où elles doivent dormir la nuit, elles se frotteront les tempes avec un peu de sang d'un oiseau que l'on nomme huppe, & diront en se couchant l'oraison suivante à l'intention de ce qu'elles veulent savoir.

ORAISON.

Kyrios clementissime, qui Abraham servo tuo dedisti uxorem Saram, & filio ejus obedientissimo, per admirabile signum indicati Rebeccam uxorem: indica mihi ancillæ tuæ quem sim nuptura virum, per ministerium tuorum spirituum Balideth, Assaibi, Abumalith. Amen.

Il faut le matin suivant, lorsqu'on s'éveille, se remettre en esprit ce que l'on aura vu en songe durant la nuit, & si en dormant on n'a vu aucune apparence d'homme, on doit continuer pendant la nuit de trois Vendredis de suite; si la fille n'a point la représentation d'homme du-rant les trois nuits, elle peut croire qu'elle ne sera point mariée. Les Veuves peuvent faire cette expérience aussi-bien que les filles, avec-cette différence, qu'au lieu que les filles se couchent du côte du chevet, les Veuves se doivent coucher du côté des pieds du lit en y transportant le chevet.

Pour les Garçons & les Hommes veufs qui voudront voir en songe les Femmes qu'ils épouseront.

Il faut qu'ils aient da corail pulvérisée, de la poudre d'aimant quils délaïeront ensemble avec du sang d'un pigeon blanc; ils feront un petit morceau de pâte, qu'ils renfermeront dans une large figure, & après l'avoir enveloppée dans un morceau de taffetas bleu, ils la pendront à leur cou, & mettront sous le linceul de leur chevet une branche de mirthe, diront en se couchant l'Oraison ci-devant marquée, en changeant seulement ces mots :

Ancillæ tuæ quem sim nuptura, virum, en ceux-ci qui leur conviennent, servo tuo quam sim nupturus uxorem.

Pour se garantir du Cocuage.

Prenez le bout d'un membre génital d'un loup, le poil de ses yeux, & celui qui est à sa gueule en forme de barbe : réduisez cela en poudre par calcination, & le faites avaler à la femme sans qu'elle le sache, & l'on pourra être assuré de sa fidélité ; la mouelle de l'épine du dos du loup fait le même effet.

Pour faire danser une Fille nue en chemise.

Prenez de la marjolaine sauvage, de la franche marjolaine, du thym sauvage, de la verveine, des feuilles de mirthe, avec trois feuilles de noyer & trois petites

souches de fenouil, tout cela cueilli la veille
de la S. Jean au mois de Juin avant le Soleil levé, il faut les faire sécher à l'ombre,
les mettre en poudre & les passer au fin
tamis de soie; & quand on veut exécuter
ce joli badinage, il faut souffler de cette
poudre en l'air dans l'endroit où est la fille,
en sorte qu'elle la puisse respirer, ou lui en
faire prendre en guise da tabac, & l'effet
suivra de près. Un fameux Auteur ajoute
que l'effet fera encore plus infaillible si
cette expérience gaillarde se fait dans un
lieu où il y ait des lampes allumées avec de
la graisse de liévre & de jeune bouc.

Pour être fortuné dans les jeux
d'adresse & de hasard.

Prenez une Anguille morte par faute
d'eau, prenez le fiel d'un taureau
qui aura été tué par la fureur des chiens,
mettez-le dans la peau de cette Anguille
avec une dragme de sang de vautour, liez
la peau d'Anguille par les deux bouts avec
la corde de Pendu, & mettez cela dans

du fumier chaud l'espace de quinze jours, & puis vous le ferez sécher dans un four chauffé avec de la fougere cueillie la veille de S. Jean; puis vous en ferez un bracelet, sur lequel vous écrirez avec une plume de corbeau, & de votre propre sang, ces quatre lettres HVTY, & portant ce bracelet autour de votre bras, vous ferez fortune dans tous les jeux.

Pour s'enrichir par la pêche des poissons.

Vous assemblerez une infinité de poissons en lieu où vous les pourrez commodément prendre, si vous y jettez la composition suivante. Prenez sang de boeuf, sang de chevre noire, sang de brebis, qui se trouve aux petites entrailles, du thim, de l'origan, de la farine, de la marjolaine, de l'ail, de la lie de vin & de la graisse ou mouëlle des mêmes animaux; vous pilerez tous ces ingrédiens ensemble & vous en ferez de petites boules que vous jetterez

dans l'endroit de la Riviere ou de l'Etang,
& vous verrez merveilles.

Autre au même sujet.

Pilez des orties avec de l'herbe de quinte-
feuille, & y ajoutez le suc de jourbarbe
avec du bled cuit en eau de marjolaine &
de thim, mettez cette composition dans
une nasse à prendre du poisson, & en peu
de tems elle sera pleine.

Autre sur le même sujet.

Prenez coque du Levant avec du cumin, du fromage vieux, de la farine de
froment & de bonne lie de vin; broyez
tout cela ensemble & en formez de petites pilules de la grosseur d'un pois, &
les jettez dans les Rivieres où il y a abondance de poissons & que l'eau soit tran-
quille, & tous les poissons qui tâteront de
cette composition s'enivreront & se viendront rendre au bord, en sorte que vous
les pourrez prendre à la main, & peu de

tems après l'yvresse se passera, & ils devi-
endront aussi gaillards qu'ils étoient avant
que d'avoir mangé de ce appât.

Autre au même sujet.

L a fleur de souci, avec la marjolaine,
farine de froment, de vieux beurre,
de la graisse de chevre avec des vers de
terre, broïés & mêlangés ensemble, servent
merveilleusement pour attirer toutes sortes
de poissons dans la nasse on dans les filets.

Autre au même sujet.

P our faire assembler les poissons en un
lieu dans la mer, vous prendrez trois
coquilles de celles qui croissent aux rochers;
& aïant tiré le poisson qui se trouve dedans, vous écrirez avec votre propre sang
sur ces coquilles, les deux mots suivans,
JA SABAOTH; & aïant jetté ces coquilles
dans l'endroit où vous voulez que les poissons s'assemblent, vous y en verrez en
moins de rien un nombre infini.

Autre sur le même sujet.

Pour prendre grand nombre d'écrevisses, quand on aura découvert les endroits où elles se tiennent, on y mettra des nasses dans lesquelles on aura jetté des morceaux de boïaux de chevres ou quelques grenouilles écorchées, & par ce moïen on en attirera un nombre prodigieux des plus grosses.

Pour empêcher que les Oiseaux ne gâtent les semailles en mangeant le grain.

Il faut avoir le plus gros crapaud que l'on pourra trouver, & on l'enfermera dans un pot de terre neuf avec une chauve-souris, & l'on écrira, en dedans du couvercle du pot, ce mot, *Achisech*, avec du sang de corbeau; l'on enterrera ce pot dans le milieu du champ ensemencé, & il ne faut pas craindre que les oiseaux en approchent: quand les grains commencero-

nt à mûrir, il faut ôter ce pot & le jetter
loin du champ dans quelque voierie.

Pour prendre un grand
nombre d'Oiseaux.

Aïez un Hibou ou Chouette que vous
attacherez la nuit à un arbre de la Forêt
ou Bois taillis, & vous allumerez proche
de lui une grosse chandelle qui fasse belle
lumiere; plus, deux ou trois personnes
feront du bruit autour de l'arbre avec des
tambours, les oiseaux viendront en foule,
se percher proche du Hibou pour lui faire
la guerre, & il sera facile d'en tuer tant que
l'on voudra avec du menu plomb.

Autre au même sujet.

Vous ferez tremper dans de bonne
eau-de-vie le grain qui sert de nourriture aux oiseaux, avec un peu d'ellebore
blanc; & ceux qui mangeront de ces grains
en seront subitement érourdis, en sorte
qu'on les pourra prendre à la main.

Autre au même sujet.

Si vous voulez prendre Corneilles & Cor-
beaux vivans, vous ferez des cornes de
papier fort qui soit gris bleu, vous les frotterez en dedans avec de la glu, & y mettrez
quelque morceau de viande puante pour
les attirer; en sorte que fourrant leur tête
dans ces cornets, la glu les arrachera à leurs
plumes; & en étant affublés comme d'un
capuchon qui leur bouchera la vue, quand
ils voudront s'envoler, ils ne pourront, &
il sera facile de les prendre.

Autre au même sujet.

Vous pourrez mêler de la noix vom-
ique dans la mangeaille des oiseaux, qui, aussi-tôt qu;ils en mangeront,
tomberont en défaillance, & il sera loisible
de les prendre.

Pour conserver & multiplier
les Pigeons.

Si vous suspendez en dedans du colombier le crâne d'un Vieillard ou du lait
d'une femme qui allaitera une fille de deux
ans, assurez-vous que les pigeons se plai-
ront dans le colombier & y muliplieront
abondamment, soit par les étrangers qu'ils
attireront, & tous y vivront paisiblement
& sans rancune.

Autre au même sujet.

Si vous avez un grand colombier où
vous fassiez une grosse nourriture de
Pigeons, vous leur préparerez la composition suivante pour empêcher qu'aucun ne
déserte, & au contraire en attirer d'autres;
prenez trente livres de millet, trois livres
du cumin, cinq livres de miel; une demi-
livre de poivrette, autrement Costus, deux
livres de semence d'Agnus-Castus; cuisez
le tout en eau de riviere jusqu'à la con-
somption d'icelle, & puis versez en place

trois ou quatre pots de bon vin & environ
huit livres de vieux ciment bien pulvérisé; vous ferez cuire encore cela l'espace
de demie heure à petit feu, vous ferez
une masse de toutes ces drogues qui dur-
ciront; tous placerez ladite masse dans le
milieu du colombier, & vous serez en peu
de tems dédommagé de la dépense que
vous aurez faite.

Autre au même sujet.

J'ai lu dans les Ecrits d'un ancien Caba-
liste, que pour empêcher que les serpens
& d'autres bêtes venimeuses ne viennent
molester de jour ni de nuits les Pigeons,
il faut écrire avec du sang de bléreau aux
quatre coins du colombier & aux fenêtres,
ce mot *Adam*, & vous ferez un parfum de
pucedane ou pasdane : on croit que la tête
du loup suspendue au colombier, produit
un semblable effet.

Autre au même sujet.

Le livre de la Maison rustique enseigne de bonnes pratiques pour bien élever des Pigeons, & l'expérience fait connoître qu'on ne peut leur rien donner de meilleur pour les engraisser que de la pâte de fêves fricassées avec du cumin & du miel.

Contre l'incommodité que l'on peut recevoir des chiens.

Vous les empêcherez d'aboïer importunément après vous, si vous portez sur vous le coeur & les yeux d'un Loup desséchés : la grande antipathie qui est entre le Chien & le Loup cause cet effet qui a été souvent éprouvé.

Autre au même sujet.

Comme la morsure d'un Chien enragé est infiniment dangereuse, il est bon d'avoir de prompts remedes pour se garantir des suites funestes de cette maligne, morsure. Vous pilerez donc de la semence de choux avec du laserpitium & de bon vinaigre, vous en ferez une emplâtre que vous appliquerez sur la plaie, que vous aurez au paravant oinre avec huile de baume. La racine fraîche d'églantier qui sent bon, étant pilée & appliquée, est, selon le sentiment de Pline, un prompt remede contre la morsure des Chiens... De bons auteurs naturalistes assurent qu'en prenant du poil de la bête enragée, & le faisant brûler & en boire la cendre mise en bon vin, procure guérison... Les Cancres de Riviére étant brûlés durant les jours caniculaires, le quatorze de la Lune, lorsque le Soleil entre dans le signe du Lion, & réduits en poudre, on en donnera une demie dragme dans un bouillon au Patient, soir & matin durant quinze jours, & il guérira. Galien assure que ce remede ne lui a jamais manqué dans le besoin... Je conseille pourtant que l'on ne se fie pas tellement à tous ces remedes, que pour eux l'on néglige d'aller se baigner à la mer, qui est le remede le plus sûr & le plus éprouvé, & l'on pourra pratiquer tous ces petits remedes durant le chemin.

Contre l'incommodité que l'on peut recevoir des Loups.

Si vous portez sur vous les yeux & le coeur d'un Dogue, qui soit mort par violence, ne craignez pas que le Loup vous approche, ainsi au contraire vous le verrez fuir comme un timide Lapin... Si vous suspendez la queue d'un Loup qui ait été tué en carnage, dans la créche ou étable d'un gros ou menu bétail, aucun loup n'en abordera.... Le même effet arrivera pour tout un Village, si aux avenues vous enterrez des pieces de Loup... J'ai lu dans les Ecrits d'un sage naturaliste, une maniere bien surprenante pour prendre des Loups en grand nombre, voire même en dépeupler tout un Païs qui en seroit infecté; il faut se pouirvoir d'une bonne quantité de poissons, qu'on appelle Biemi ou Loups marins : en les éventrant on réserve le sang à part, & après les avoir bien écaillés

& nettoïés, on les pilera dans un mortier avec de la chair d'Agneau ou de jeunes Brebis, & l'on portera cette composition dans le canton où l'on sait que les loups sont; on allumera un grand feu de charbon à l'opposition du vent; c'est-à-dire, que le vent aille da côté ou sont les Loups, afin qu'il chasse la fumée que fera la composition de chair & de poisson que l'on mettra sur les charbons; laquelle fumée frappant l'odorat des Loups, les attirera en cet endroit; lesquels trouvant cet appât rôti, & pour peu qu'ils en mangent, en seront tellement étourdis, quils s'endormiront, & il sera aisé de les tuer.

Il y a tant de livres qui sont remplis de Secrets pour se garantir des incommodités des animaux nuisibles, que je ne suis pas d'avis de grossir inutilement ce mien petit trésor des merveilles de la nature, de ces sortes de Secrets, qui sont devenus trop communs pour être ignorés de personne. Je passerai donc à des choses plus curieuses & qui satisferont davantage mes lecteurs.

Contre l'ivresse du vin.

Comme l'homme n'a rien de plus esti-mable que sa raison, & qu'il lui arrive souvent de la perdre, par l'excès du vin, il est convenable de lui donner quelque préservatif pour s'en garantir; quand vous serez convié à quelque repas, où vous craindrez de succomber à la douce vio-lence de Bacchus, vous boirez avant que de vous mettre à table deux cuillerées d'eau de bétoine & une cuillerée de bonne huile d'olive, & vous pourrez boire du vin en toute sûreté... Vous prendrez garde que le verre ou la tasse dans quoi on vous ser-vira à boire, ne sente point la sariette ou la rapure d'ongles, car ces deux ingrédiens contribuent beaucoup à l'ivresse... Si l'on s'est laissé surprendre par le vin il faut, pour l'homme, qu'il enveloppe ses géni-toires dans un linge qui soit imbibé de fort vinaigre, & que la femme qui a succombé à l'ivresse, mette un semblable linge sur ses tétons, l'un & l'autre reviendront en leur bon sens.

Pour rétablir le Vin gâté.

J'ai éprouvé plus de cent fois que le vin
tourné se rétablit en la manière suivante. Si c'est vers la saison des vendanges,
& que le raisin commence à mûrir, vous
en prendrez environ cent grosses grappes
des plus mûres : vous ferez bien nettoïer
un tonneau, dans lequel vous mettrez
deux brassées de copeaux ou d'éclapes de
bons bois; vous arroserez ces éclappes du
jus de grappes de raisin, que vous passerez avec la main, & jetterez ensuite toutes
les grappes sur les éclappes, & aïant bien
renfermé le tonneau & mis en place, vous
tirerez à clair le vin tourné & le verserez
sur ce rapé, il n'y aura pas resté trois jours,
qu'il sera beau et bon à boire.

Autre au même sujet.

Vous ferez une décoction de fines
herbes; savoir, une poignée de chacune des suivantes : marjolaine, thim, laurier, mirthe, baie de genievre, deux pelures

de citron & autant d'orange; vous ferez
bien bouillir cela dans vingt pintes d'eau,
jusqu'à la réduction de quinze pintes ou
environ, à proportion de la grandeur du
tonneau que vous aurez fait nettoïer, pour
recevoir votre vin tourné; vous laverez
bien ledit tonneau avec la décoction toute
bouillante, et l'en laisserez imbiber; puis
vous ï mettrez deux brassées de copeaux
ou éclappes que vous arroserez aussi de
cette décoction, vous tirerez le vin tourné
à claire, le laisserez reposer huit jours sur
ce rapé de copeaux, et il deviendra meilleur qu'il n'était avant qu'il tournât.

Autre au même sujet.

J'ai appris d'un Maître d'hôtel d'un
prince allemand cette autre manière de
raccommoder le vin troublé & gâté: il faut
faire sécher au four cinquante grappes de
bon raisin & un demi boisseau de coquilles d'amandes douces, en sorte que ces
coquilles soient un peu rissolées; pendant
qu'elles s'accommodent au four il faut bien

battre et fouetter ensemble douze blancs
d'oeufs jusqu'à les réduire presqu'en écume, & les verser dans le tonneau où est
le vin gâté, & le rouler pendant un petit
espace de temps, puis vous jettez dedans
les coquilles d'amandes & les raisins tout
chauds & le laissez reposer huit jours, &
vous aurez de beau & de bon vin.... Quand
le vin est devenu aigre, on le rétablit avec
du bled, que l'on fait cuire jusqu'à ce qu'il
crève, la mesure ou quantité est la cen-
tième partie que contient le tonneau.

Pour faire promptement
d'excellent Vinaigre.

Il faut de bon vin fort, dans lequel vous
mettrez du poivre long & du levain de
pain de seigle qui bien aigre : il n'aura pas
été exposé six heures au grand soleil ou
proche le feu, qu'il sera de bon usage. On
peut faire du vinaigre sans vin en cette
manière : aïez la charge d'un cheval de
poires sauvages, pilez-les bien, & les laissez fermenter durant trois jours dans un

tonneau, puis, durant trente jours, vous les arroserez de deux pots d'eau par jour, dans laquelle eau vous aurez fait bouillir du gingembre & du poivre long; au bout de trente jours vous presserez les poires pilées, & vous aurez de bon vinaigre.

Pour faire des Vins de liqueurs.

Passons de l'utile au délectable, & réjouissons l'homme par d'agréables liqueurs.... Pour faire d'excellent vin grec, sur cent pots de bon vin fort, vous mêlerez la décoction suivante : six livres de bon sucre, du Gingembre, du Galanga, de la graine de Paradis, du clou de Gérofle, de chacun quatre onces, avec deux pelures de Citron; vous ferez bouillir tout cela dans six pintes d'eau de fontaine, jusqu'à la diminution de moitié, & après avoir clarifié cette composition, vous la mettrez dans le tonneau où sont les cent pots de bon vin, & vous aurez du vin grec excellent.... Pour le vin muscat, vous prendrez de la Réglisse, du Polipode, de l'Anis, de la Noix muscade, du Calamus aromaticus, de chacun deux dragmes, vous pilerez tout cela légerement, & l'aïant mis dans un sac de toile fine, vous le suspendrez dans un tonneau de vin blanc, en sorte que le sac puisse aller jusqu'à la moitié du tonneau, durant dix ou douze jours, & vous aurez de bon vin muscat. Sur la quantité des drogues susdites, le tonneau ne doit être que d'un muid ou trois années. Pour le vin de Malvoisie, qui doit se boire promptement, sur un tonneau d'un muid ou de trois années, vous mettrez la composition suivantes: vous prendrez quatre livres de bon miel naturel & non sophistiqué, une dragme de clous de Gérofles pulvérisés, autant de Gingembre & de Macis, quatre pintes d'eau de fontaine; vous ferez bouillir le tout ensemble durant deux heures, & vous aurez soin de l'écumer exactement; il faut que les clos de Gérofle, le Gingembre & le Macis, pulvérisés, soient liés dans un linge blanc; & quand cette composition sera faire, vous la mettrez à demi tiéde dans le tonneau, & la laisserez reposer

huit jours, & vous aurez de bonne Malvoisie.... Si vous en voulez faire de plus
exquises, vous prendrez une drachme de
Musc & de bois d'Aloës, deux dragmes de
Canelle, de graine de Paradis & clous de
Gérofles, avec deux livres de bon Sucre,
pour la quantité de cent pots de bon vin;
le tout bouilli dans quatre pintes d'eau.

Pour faire en peu de temps de l'Hypocras qui soit excellent.

Pour quatre pintes de vin, vous préparerez les drogues qui suivent, une
livre de bon Sucre fin, deux onces de
bonne Canelle concassée grossièrement,
une once de graine de Paradis, autant de
Cardamomum, & deux grains d'ambre
gris du plus exquis, broïée au mortier avec
du Sucre candi; vous ferez de toutes ces
drogues un sirop clair, que vous purifierez
en le passant deux ou trois fois à l'étamine,
& vous mélangerez ledit sirop avec quatre
pintes d'excellent vin, et vous en aurez le
meilleur Hypocras que l'on puisse boire.

Pour faire la véritable Eau clairette
d'Arménie, qui a de si merveilleuses
propriétés contre les infirmités du
coeur, de la tête et de l'estomac.

Vous prendrez six livres des plus
belles cerises griottes que vous pourrez avoir. Après en avoir ôté la queue et
le noïau, vous les mettrez au fourneau
dans une bassine bien nette, avec une
pinte d'eau de fontaine et les ferez bouillir durant une forte heure. Ensuite, vous
les passerez à la chausse ou étamine en
les écrasant et, du jus qui en sortira, vous
en ferez un sirop, en ï mettant trois livres
de Sucre fin, quatre onces de Cannelle,
une once de clous de Gérofle, une bonne
Muscade, une once de graine de Paradis,
une once de Cardamome, quatre grains de
Musc, autant d'Ambre gris broïé au mortier avec Sucre candi, le tout légèrement
concassé. Quand le sirop sera fait et bien
clarifié, vous le mêlerez avec quatre pintes
de bonne eau-de-vie dans un grand bocal,
que vous boucherez bien, et l'exposerez

au grand soleil durant quinze jours et vous aurez d'excellente eau clairette; le marc qui vous restera de ces drogues est bon pour faire de l'Hypocras commun, en y ajoutant du Sucre, en la manière que nous avons dite ci-devant.

Pour avoir des Melons doux, sucrés et de bonne odeur.

Vous aurez la semence de melon de bonne espèce, vous la mettrez infuser durant deux jours dans un sirop qui sera composé de framboises, de Cannelle, de Cardamomum, de deux grains de Musc et autant d'Ambre gris; il faut que le sirop ne soit pas épais et tiède quand vous ï mettrez la semence en infusion; il faut que la terre où vous sèmerez soit bien préparée, sur une couche de bon fumier de cheval, et avoir grand soin de ne les point trop arroser et de les garantir des pluies trop abondantes. Si vous êtes exact à toutes ces choses, vous aurez des melons dignes de la bouche d'un Roi.

Pour avoir de beaux Raisins
mûrs au Printems.

Il faut avoir un Cerisier qui soit planté
en espalier, dans une bonne exposi-
tion au Soleil et en bon terroir, et qu'un
habile Jardinier ente dextrement deux ou
trois chapons de bonne vigne sur ledit Cerisier; qu'on ait grand soin de le garantir
des intempéries de la fin de l'hyver et du
printems; qu'on ne lui ne lui épargne ni le
bon fumier, ni l'eau quand il sera nécessaire, et on verra quelque chose de bien
merveilleux au temps que les Cerises seront mûres.

Pour faire croître
& multiplier le Froment.

Vous prendrez une livre de sel végétal, qui est composé artistement de
fleurs de souffre, de salpêtre & de nitre,
les bons Droguistes ont ce sel; vous le
ferez bouillir dans six pintes d'eau avec
deux livres de bon froment nouveau,

jusqu'à ce que le froment commence à se crever; puis vous passerez cette composition dans un linge fort clair, & vous ferez rendre au froment cuit toute l'humidité, après vous ferez infuser dans cette liqueur autant que vous pourrez de bon froment durant vingt-quatre heures, quand la terre fera bien pré parée, vous y sémerez ce froment infusé, & aïant fait sécher le marc de la composition, vous le pulvériserez & le jetterez sur cette terre, & vous verrez par expérience que le bled que.vous aurez ainsi semé, produira vingt fois autant que le bled commun; il est vrai qu'il ne faudroit pas faire cela deux fois de suite dans la même terre; car il en consume tellement la graisse, qu'elle ne peut pas porter, si elle n'est bien fumée.

Pour empêcher les semailles & moissons d'être gâtées par les bêtes.

Vous aurez dix grosses Ecrevisses que vous mettrez dans un vaisseau rempli d'eau, & les exposerez au Soleil durant

dix jours; puis vous aspergerez avec cette
eau les semailles espace de huit jours, &
quand elles seront crues, vous les aspergerez autres huit jours de suite, & vous verrez qu'elles prospéreront à merveilles, &
qu'aucunes bêtes, soit Rats, Belettes ou
autres, n'en pourront approcher.

Pour savoir si les semences seront abondantes l'année prochaine.

Z oroastre donne comme un Secret infaillible pour connoître l'abondance
de la moisson pour l'année suivante, de
faire ce qui suit. Il faut, environ le quin-
sieme du mois de Juin, préparer un petit
canton de terre, à la maniere qu'on la prépare ordinairement pour être ensemen-
cée : vous y semerez de toute sorte de semence, & à cause que dans cette saison
la chaleur est brûlante & pourroit nuire
à ce que la sémence germe & sorte plus
commodément; & vous observerez après
cela laquelle des semences fera la mieux
venue, & aura plus belle apparence dans

le tems que la canicule commence à régner sur l'horison, car vous serez averti par cet indice, que l'abondance sera de la semence qui sera la mieux venue, & celles qui n'auront pas profité parla préparation que vous aurez faite, seront stériles; ainsi le judicieux Laboureur prendra sur cela ses mesures pour avoir une abondante moisson.

Autre sur le même sujet.

Vous observerez au Printems dans quel état sont les Noïers: car s'ils paraissent chargés de feuillages avec peu de fleurs, soïez assuré que la nature sera avare dans la distribution de ses richesses; si au contraire vous voïez grande abondance de fleurs sur les Noïers, et que la quantité surpasse celle des feuilles, tirez en augure de fertilité: les anciens ont fait le même pronostic de l'Amandier.

Contre les maladies et autres accidens qui nuisent à la vie de l'homme.

La puanteur est naturellement contraire à la santé de l'homme et elle est quelquefois mortelle, témoin ce qu'en écrit Fiorazentus, qui dit que si l'on prend la crasse du sang humain, lorsque les eaux et sérosités en sont dehors, et qu'après l'avoir fait sécher, si on la mêle avec du storax et que l'on en brûle dans une chambre, la puanteur qui en exhale est mortelle. Pour donc être garanti de ces mortelles infections, je vais proposer un souverain antidote, qui triomphera de toutes sortes de venins et de poisons.

Vous prendrez dans la saison des feuilles de Millepertuis, avant qu'il ait jeté sa fleur, autant que vous en pourrez tenir dans vos deux mains. Mettez-les infuser au Soleil, dans quatre livres d'huile d'olive, durant dix jours, puis vous les exposerez sur le fourneau au bain-marie, dans de l'eau chaude et ensuite vous en exprime-

rez le suc à la presse et le mettrez dans
un vaisseau ou bouteille ou bocal de verre
fort et, quand le Millepertuis sera fleuri et
en graine, vous mettrez une poignée de
cette semence et de ces fleurs dans le bocal et le ferez bouillir sur le feu au bain-
marie l'espace d'une heure, puis vous y
ajouterez trente Scorpions, une Vipére et
une Grenouille verte, dont vous ôterez les
têtes et les pieds et, après les avoir fait encore bouillir un peu de tems, vous y mettrez deux onces de chacune des drogues
suivantes, pilées ou hachées. Racine de
Gentiane, de Dictamum blanc, de la petite & grande Fortelle ou sa racine, de la
Tormencille, de la Rhubarbe, du Bol d'Arménie préparé, de bon Thériaque, & un
peu d'émeraude pulvérisée. Vous exposerez tout cela au Soleil durant les jours caniculaires, après avoir bien bouché le bocal; & enfin vous le mettrez en digestion
durant trois mois dans du fumier chaud;
& après ce tems vous passerez cette composition dans un couloir, & la garderez
précieusement dans un vase d'étaim ou de

verre fort pour vous en servir. L'usage est de s'en frotter autour du coeur, aux temples, aux narines, flancs & au long de l'épine du dos, & vous éprouverez que c'est un antidote contre toutes sortes de venins. Il est bon aussi pour guérir les morsures des bêtes venimeuses.

DES TALISMANS
DE L'ANTIQUITÉ DES TALISMANS, LEUR ORIGINE ET USAGES D'ICEUX.

Les talismans de Paracelse.

La grande réputation que Paracelse s'est acquis dans le monde par sa profonde science, donne beaucoup d'autorité à ce qu'il a laissé par écrit. Il assure comme une chose indubitable que si l'on fait des Talismans suivant la méthode qu'il en donne, ils produiront des effets qui surprendront ceux qui en feront l'experience, & c'est ce que j'ai éprouvé moi-même avec grande admiration & un très heureux succès. Voici donc de quelle maniere il en parle dans son Archidoxe magique.

Personne ne peut, sans témérité, révoquer en doute que les Astres & Planétes célestes n'aient des influences dominantes sur tout ce qui est dans ce bas Univers; car puisque l'on, voit & que l'on éprouve sensiblement que les Planétes déminent, par leurs influences, sur l'homme qui est l'image de Dieu & avantagé de la raison; à combien plus forte raison doit-on croire qu'elles dominent & influent sur les métaux, sur les pierres, & sur tout ce que la nature & l'art peuvent produire, puisque toutes ces choses sont moindres que l'homme, & plus propres à recevoir, sans résistance, leurs influences, étant privé de la raison & libre arbitre, & que l'homme a cet avantage qu'il peut se servir de ces choses matérielles, pour attirer en fa faveur les influences des Astres. Mais ce qui est digne d'être sû & bien remarqué, c'est que les sept Planétes n'influent jamais plus efficacement, que par i'entremise des sept métaux qui leur font propres; c'est-à-dire, qui ont de la simpathie avec leur substance, & à ce sujet les sages Cabalistes aïant

connu par la sublime pénétration de leurs sciences, quels sont les métaux propres aux Planétes, ils ont déterminé l'or pour le Soleil, au jour du Dimanche, l'argent pour la Lune au Lundi, le fer pour Mars au Mardi, le vif-argent pour Mercure au Mercredi, l'étaim pour Jupiter au Jeudi, le cuivre ou l'airain pour Venus au Vendredi, & le plomb pour Saturne au Samedi. Sur ce fondement, nous donnerons ici la maniere de faire des Talismans, que les anciens Sages ont appelle les sceaux des Planétes.

Talisman ou Sceau du Soleil.

Ce Talisman doit être composé avec l'or le plus exquis & le plus pur, qui est celui de l'Arabie ou d'Hongrie, on en forme une plaque ronde, bien polie des deux côtés; & sur un de ces côtés on trace un quarré composé de six lignes de chif-fres, en forte que nombrant ces chiffres d'un coin à l'autre, en forme de croix de S. André, on trouve cent onze. Et ce qui est

6	32	3	34	35	1
7	11	27	28	8	30
19	14	16	15	23	24
18	20	22	21	17	13
25	29	10	9	26	12
36	5	33	4	2	31

mystérieux en cela, & dont on doit être informé, c'est que les nombres qui seront marqués dans tous les Talismans ou Sceaux des Planétes y font les nombres des grandes Etoiles qui sont sous la domination de chaque Planéte, & que Dieu leur attribue comme leurs Sujets, & c'est pour cela que ceux qui sont versés dans l'Astrologie, appellent les Planétes Précurseures ou Etoiles premieres, & ils concluent de-là qu'ils ont les autres sous leur direction; pour la distribution de leurs influences, Sur l'autre côté de la plaque, il faut graver la figure hiéroglifique de la Planéte, qui re présente un Roi couronné dans son Trône roïal, tenant de la main droite un Sceptre, aïant sur la tête le Soleil & le nom de Jupiter, & montrant avec son Sceptre un Lion rugissant à ses pieds. Et afin que cette opération se fasse avec exactitude & dans les circonstances convenables, vous ferez graver deux fers bien propres à imprimer sur l'or tout ce que j'ai dit ci-dessus, pour ne point perdre le moment favorable de la constellation; car il faut que l'impression se fasse dans le tems que l'on aura observé que le Soleil sera en conjonction avec la Lune dans le premier degré du signe du Lion; & quand la plaque d'or fera marquée des deux côtés avec les fers susdits, vous l'envelopperez promptement dans un linge fin. Ce que je viens de dire des deux fers gravés, doit pareillement s'entendre pour la fabrique des Talismans des autres Planétes. Afin, comme il est dit, que l'impression s'en fasse dans l'instant favorable de la Constellation, car l'on doit savoir que c'est dans cet instant que la Planéte répand & imprime ses bénignes influences sur le Talisman d'une maniere surnaturelle .& toute mistérieuse; les propriétés de ce Talisman du Soleil consistent en ce que la personne qui le portera avec

confiance & révérence, deviendra agréable aux Puissances de la Terre, aux Rois,
aux Princes, aux grands Seigneurs dont on
voudra acquérir la bienveillance, on abon-
dera en richesses & en honneur & on fera
estimé de tout le monde.

Talisman ou Sceau de la Lune

Ce Talisman doit être composé avec
le plus pur argent que l'on pourra
trouver, dont on fera une plaque ronde
bien polie; & d'une côté l'on gravera neuf
lignes de chiffres, dont chacune contien-
dra le nombre mystérieux de trois cent
soixante-neuf, comme il est respésenté ci-
après dans le quarré suivant; de l'autre côté
de la plaque, on imprimera l'image hiéroglifique de la Planéte, qui sera une femme
revêtue d'une robe ample & large, aïant les
deux pieds sur le milieu d'un Croissant et
un autre croissant dans sa main droite &
une brillante Etoile sur fa tête, avec ce mot
Lune. L'opération se doit faire un Lundi

37	78	19	70	21	62	13	45	5
6	38	79	30	71	22	63	14	46
47	7	39	80	31	72	23	55	15
16	48	8	40	81	32	64	24	56
57	17	49	9	41	73	33	65	25
26	58	18	50	1	42	74	34	66
67	27	59	10	51	2	43	75	35
36	68	19	60	11	52	3	44	76
77	28	69	20	61	12	53	4	45

du Printems, lorsque l'on aura au premier dégré du Capricorne ou de Virgo en aspect favorable de Jupiter ou de Vénus. Il faudra aussi envelopper le Talisman, dans un linge blanc, & il sera grandement utile pour garantir des maladies populaires; il préservera les Voïageurs des périls & des insultes des Voleurs, il sera favorable aux Laboureurs & aux Négocians.

Talisman ou Sceau de Mars.

Ce Talisman doit être formé sur une plaque ronde & polie, du meilleur fer de Carintie, les nombres mystérieux seront soixante-cinq; & de l'autre côté de la plaque on formera la figure hiéroglifique

11	24	7	20	3
4	12	25	8	16
17	5	13	21	9
10	18	1	14	22
23	6	19	2	15

de la Planéte, qui représentera un soldat armé, tenant de la main gauche un bouclier, & de la droite une épée nue, aïant une Etoile dessus sa tête, avec le nom de Mars. Il faut que les insrumens qui serviront à imprimer ce Talisman, soient de bon acier trempé, & que l'impression se fasse dans le moment que l'on aura observé que la Lune étant un aspect bénin avec quelqu'autre Planéte favorable, entre au premier degré du signe du Belier ou du Sagittaire; & il sera même bon que la plaque du Talisman soit mise au fourneau ardent, afin qu'elle soit plus propre à recevoir la gravure des figures mystérieuses : & quand elle sera refroidie, on l'enveloppera dans un morceau de taffetas rouge. Ce Talisman aura la propriété de rendre invulnérable celui qui le portera avec révérence; il lui donnera une force & une vigueur extraordinaire; il sera vainqueur dans les combats où il assistera. La Planéte de Mars influe si merveilleusement sur ce Talisman, quand il est fait avec exactitude, que si on l'enterre dans les fondemens d'une Forteresse, elle devient inexpugnable, & ceux qui en veulent entreprendre l'attaque, sont mis facilement en déroute. Et si on le fabrique lorsque la constellation de Mars est en opposition avec les Planétes favorables & rétrogrades, il porte malheur partout où on le met, & il y cause des dissentions, des révoltes & des guerres intestines; je sais qu'un grand homme d'Etat en fit porter un semblable en Angleterre, au tems de la révolution de Cromwel.

Talisman de Mercure, au Mercredi.

Ce Talisman doit être formé sur une plaque ronde de Mercure fixé, (je donnerai ci-après la maniere de fixer le Mercure pour les Talismans, comme je l'ai éprouvé moi-même.) Quand la plaque est faite & polie, on imprime avec les ferremens sur un des côtés, le nombre mystérieux de deux cent soixante, distribué en huit lignes, comme on le voit ici représenté.

8	58	59	5	4	62	63	1
49	15	14	52	53	11	10	56
41	23	22	44	45	19	18	48
32	34	35	29	28	38	39	25
40	26	27	37	36	30	31	33
17	47	46	20	21	43	42	24
9	55	54	12	13	51	50	16
64	2	3	61	60	6	7	57

Et de l'autre côté de la plaque on imprimera la figure hiéroglifique de la Planéte de
Mercure, qui représentera un ange, aïant
des aîles sur le dos & à ses talons, tenant
dans la main droite un Caducée en forme
de Sceptre, & une Etoile sur sa tête, avec le
nom de Mercure. Il faudre faire l'impression des figures au moment favorable de
la constellation, comme on aura observé,
avant que de commencer l'entreprise. Et
quand elle sera achevée, on enveloppera
le Talisman dans un morceau d'étoffe de
soie de couleur de pourpre.

Ce Talisman aura la propriété de rendre
discret & éloquent celui qui le portera avec
révérence, & le disposer admirablement à
être savant en toutes sortes de sciences; &
si on fait infuser ce Talisman seulement
une heure dans un verre de Malvoisie, il
rend la mémoire si heureuse, qu'on retient
tout avec facilité; il peut même guérir toutes sortes de fiévres; & si on le met sous
le chevet du lit, il procure des songes véritables, dans lesquels on voit ce que l'on
souhaite de savoir.

Talisman de Jupiter.

Ce Talisman doit être formé sur une plaque ronde, du plus pur étaim d'Angleterre; on imprimera sur un des côtés le nombre mystérieux de la Planéte,

4	14	15	1
9	7	6	12
5	11	10	8
16	2	3	13

qui est trente-quatre distribué en quatre lignes, comme on en voit ici la disposition. Et de l'autre côté de la plaque on imprimera la figure hiéroglifique de la Planéte, qui sera un homme vêtu en Ecclésiastique, tenant entre ses mains un livre, dans lequel il semble lire, & au-dessus de sa tête une Etoile brillante, avec ce mot Jupiter. On commencera à imprimer les mystérieuses figures sur la plaque, avec les fers, au moment que l'on observe que la constellation de la Planéte sera favorable, la Lune faisant son entrée dans le premier degré du signe de la Balance, Jupiter en bon aspect avec le Soleil; l'opération étant finie, on enveloppera le Talisman dans un morceau d'étoffe de soie couleur de bleu céleste. Ce Talisman procurera à ceux qui le porteront révérament l'amour & la bienveillance de ceux que l'on souhaitera. Il aura la vertu de multiplier & augmenter les choses avec lesquelles on l'enveloppera. Il rendra fortuné dans le négoce & dans le commerce, & dans toutes les entreprises; il dissipera les chagrins, les soins importuns & les terreurs paniques.

Talisman de Vénus, au Vendredi.

Ce Talisman doit être formé sur une plaque ronde de cuivre bien purifié & poli. On imprimera sur un de ses côtés le nombre mystérieux de cent septante-cinq, distribué en sept lignes, comme il est ici marqué.

Et de l'autre côté de la plaque on imprimera la figure hiéroglifique de la Planéte, qui sera une Femme lascivement vêtue, aïant proche de sa cuisse droite un Cupidon tenant un arc & une fleche

enflammée, & la femme tiendra dans
sa main gauche un instrument de musique comme une guittare, & au-dessus de
sa tête une Etoile brillante, avec ce mot
Vénus. L'impression se fera avec les fers
dans le moment que l'on aura prévu que
la constellation de Vénus fera en bon aspect avec quelque Planéte favorable, la

22	47	16	41	10	35	4
5	23	48	17	42	11	29
30	6	24	49	18	36	12
13	31	7	25	43	19	37
38	14	32	1	26	44	20
21	39	8	33	2	27	45
46	15	40	9	34	3	28

Lune étant entrée au premier dégré du signe du Taureau ou de Virgo. L'opération
étant finie, vous envelopperez le Talisman
dans un morceau d'étoffe de soie verte.
Et cetui qui portera avec révérence ce
Talisman, peut s'assurer d'avoir les bon-

nes graces de tous ceux qu'il souhaitera, &
d'être aimé ardemment, tant des femmes
que des hommes : il a aussi la vertu de ré-
concilier les inimitiés mortelles, en faisant
boire quelque liqueur dans laquelle il aura
été mis; de maniere que l'on devient inti-
mes amis; il rend aussi industrieux & fort
habile en l'art de musique.

Talisman de Saturne, au Samedi.

Ce Talisman doit être formé sur une
plaque ronde, de plomb bien affiné &
purifié, & on imprimera sur l'un des deux
côtés le nombre mystérieux de quinze distribué en lignes, suivant la disposition que
l'on voit ici.

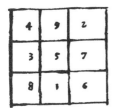

Et de l'autre côté de
la plaque, on imprimera
la figure hiéroglifique de
la Planéte, qui sera un
Vieillard barbu, tenant en
main une espece de pioche, en posture
d'un homme qui fouit la terre, & au-dessus
de sa tête une Etoile, avec ce mot Saturne.

On commencera l'impression des figures mystérieuses avec les ferremens au moment que l'on aura prévu que la constellation de Saturne est en aspect favorable, la Lune entrant dans le premier degré du signe du Taureau ou du Capricorne. Et quand l'opération sera finie, vous envelopperez le Talisman dans un morceau d'étoffe de soie noire.

Ce Talisman est d'un grand secours, premierement, pour les femmes qui sont en mal d'enfantement, car elles n'y souffrent presque point de douleur; c'est ce qui a été éprouvé plusieurs fois, avec un heureux succès, par des Personnes de qualité, qui étoient sujettes à faire de mauvaises couches. Il multiplie aussi & augmente les choses avec lesquelles on le met. Si un Cavalier le porte dans sa botte gauche, son cheval ne pourra être aucunement blessé. Il a tous les effets contraires à ceux-ci, lorsqu'on le forme dans le tems que la constellation de Saturne est dans une situation funeste, & la Lune rétrograde dans les signes susdits.

Maniere de faire le Mercure pour en former des plaques à faire des Talismans.

Il faut choisir un jour de Mercredi du printems, d'où l'on connoît que la constellation de Mercure soit en aspect bénin avec le Soleil & Vénus, & après avoir invoqué & conjuré les Esprits & Génies directeurs des influences de cette Planéte, on préparera les drogues nécessaires, en la maniere suivante. Sel ammoniac, Vert-de-gris, Vitriol romain, deux onces de chacun bien pulvérisé; on mettra le tout ensemble dans une marmite de fer ou de fonte neuve, avec trois pintes d'eau de forge; que le tout bouille jusqu'à la réduction d'une pinte; puis on y jettera deux onces de bon Mercure que l'on remuera bien avec une espatule, durant que tout bout ensemble, jusqu'à ce que ces matieres deviennent épaisses; ensuite on les laissera refroidir, & on fera évacuer par la filtration le peu d'eau qui restera; on trouvera au fond de la marmite une pâte de terre grise, que l'on lavera avec de l'eau commune, deux ou trois fois, faisant toujours évacuer l'eau par filtration, puis on étendra ladite pâte sur une planche de chêne bien polie, & on la laissera sécher au Soleil; après quoi on y ajoutera deux onces de Terra merita, & autant de tutie d'Alexandrie en poudre, & on mettra le tout dans un creuset lutté hermétiquement avec un autre creuset, en sorte que les deux sembent ne faire qu'un seul vaisseau sans ouverture, & que rien ne puisse s'évaporer quand il est sur le feu de rectification; ces deux creusets se lutent l'un sur l'autre avec une pâte de terre grasse, de la fiente de cheval, de la fine poudre de limaille de fer; & il ne faut pas mettre le creuset lutté au fourneau, avant que cette composition qui en fait la jointure, soit bien séchée. Quand le creuset aura été une heure au fourneau ardent, on augmentera le feu jusqu'à ce que le creuset en rougisse. A la troisieme heure on augmentera le feu, en soufflant toujours, puis on laissera refroidir le creu- set, on le délutera & on trouvera au fond

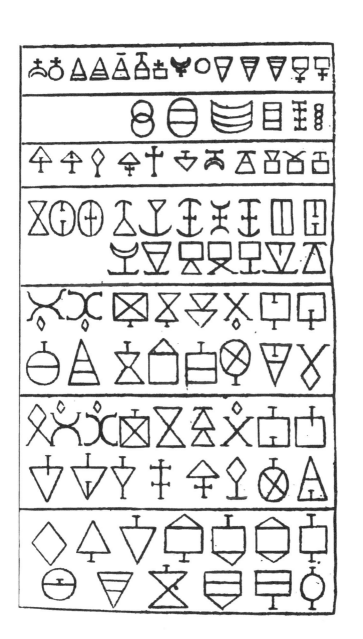

le Mercure en grenaille, on le recueillera
jusqu'aux plus petits grains, & on remettra
le tout dans un autre creuset, avec un peu
de Borax pour le fondre; ce qu'étant fait,
vous aurez un très beau Mercure fixé,
bien propre, pour sa pureté, à former des
Talismans & des anneaux mystérieux qui
auront la propriété de vous attirer les bénignes influences de la Planéte de Mercure, pourvu qu'on soit exact à les travailler
suivant les regles de l'art.

Pour construire d'autres Talismans
avec les caracteres que les anciens
Cabalistes ont appropriés aux sept
Planétes.

On se servira des Plaques de même
métal dont on a parlé ci-devant, &
on commencera l'opération aux heures
& momens convenables aux bénignes influences; sur un côté de la plaque on imprimera, en forme de carré, les caracteres
qui sont marqués ci-après; c'est à savoir,
pour le Soleil, ceux que l'on trouvera à la

premiere ligne. Pour la Lune, ceux que l'on trouvera à la seconde ligne. Pour Mars, ceux que l'on trouvera à la troisieme ligne. Pour Mercure, ceux, que l'on trouvera à la quatrieme ligne. Pour Jupiter, ceux que l'on trouvera à la cinquieme ligne. Pour Vénus, ceux que l'on trouvera à la sixieme ligne. Pour Saturne, ceux que l'on trouvera à la septieme ligne. On pourra graver sur l'autre revers de la plaque les mêmes figures hiéroglifiques dont nous avons parlé, & on éprouvera de merveilleux effets. Je ne doute point que si ce mien Livre tombe ès mains des gens de petit esprit & de peu de savoir, ils ne le taxent de superstitieux; parce qu'ils s'imagineront que les admirables merveilles dont je traite se font par le ministere des mauvais esprits, car disent-ils, comment peut-on comprendre qu'une plaque de métal, chargée de quelques caracteres & figure, opere des choses qui surpassent les forces ordinaires de la nature? J'argumenterois volontiers contre ces sortes de personnes & leur dirois; Vous croïez donc que les mauvais esprits peu-

vent faire ces choses qui surpassent l'ordre ordinaire de la nature? Mais pourquoi
ne croïez-vous donc pas que le Créateur
de l'Univers soit assez puissant pour avoir
imprimé dans les Créatures des secrets
dont les ressorts ne se remuent que de telle ou telle maniere? Pourquoi faites-vous
difficulté de reconnoître que celui qui a
donné à l'aimant la vertu secrette d'attirer
à soi une masse pesante de fer d'un lieu à
un autre, est assez puissant pour donner
aux astres, qui sont des Créatures infiniment plus parfaites que l'aimant, & que
tout ce qu'il y a de plus précieux sur la
terre, a des propriétés & des vertus secre-
tes qui surpassent la portée de nos esprits,
d'autant plus que ces Astres sont régis par
des Intelligences célestes qui reglent leurs
mouvemens?

Mais quelle difficulté peut-on faire de
croire que de certains caracteres ou de
certaines figures rangées sur une plaque
de métal, puissent produire quelque effet surprenant, puisque l'on croit & que
l'on voit évidemment que dans l'aimant de

certaines petites parties de matieres sphé-
riques, aiguës ou triangulaires, rangées
dans la nature dans un certain ordre, pro-
duisent de si admirables effets, non-seulement d'attirer une masse de fer, mais de
tourner toujours l'aiguille des boussoles,
du côté de l'Etoile Polaire, & de régler les
cadrans au Soleil, &c.

Je voudrois encore demander à ces
personnes scrupuleuses, pourquoi dans
la Suisse & aux Païs des Suëves, où il ï
a grand nombre de serpens, à cause des
montagnes, pourquoi ces serpens enten-
dent-ils le Grec, & craignent-ils si sort la
vertu efficace de ces trois mots, *Osy, Osya,
Osy*, qu'ils bouchent promptement une de
leurs oreilles avec le bout de leur queue &
abouchent l'autre contre la terre, afin de
ne pas entendre ces paroles, qui les rendent immobiles & tout stupéfiés, & inca-
pables de nuire aux hommes? Si l'on me
dit que c'est la nature qui produit en eux
cet instinct, pourquoi la nature sera-t'elle
moins ingénieuse dans les autres créatures? &c...

Des Peuples qui habitent les quatre Elémens, sous les noms des Salamandres, des Gnomes, des Sylphes & des Nymphes.

Je révolterai peut-être bien des gens contre moi, si je dis qu'il ï a des créatures
dans les quatre élémens qui ne sont ni de
purs animaux, ni des hommes, quoiqu'ils
en aient la figure & le raisonnement, sans
en avoir l'ame, raisonnable. Le célebre
Paracelse en parle encore plus clairement,
en disant que ces peuples des élémens ne
sont point de la tige d'Adam, quoiqu'ils
paroissent de véritables hommes, mais que
c'est un genre & une espece de créatures,
toujours différentes de la nôtre. Porphire
enchérissant sur Paracelse, dit, que non-
seulement ces créatures sont raisonnables,
mais même qu'elles adorent & reconnois-
sent Dieu par un culte de religion; & pour
preuve de son dire, il rapporte une oraison
très sublime & très mystérieuse d'une de
ces créatures qui habitent dans l'élément
du feu, sous le nom de Salamandres; peut-

être que je ferai plaisir à mes Lecteurs de leur en donner une copie, qui sera utile dans la suite.

Oraison de Salamandres.

Immortel, Eternel, Ineffable & Sacré Pere de toutes choses, qui est porté sur le Chariot roulant sans cesse des mondes qui tournent toujours; Dominateur des Campagnes Ethériennes, où est le trône de ta puissance, du haut duquel les yeux redoutables découvrent tout, & tes saintes oreilles écoutent toute; exauce tes Enfans que tu as aimés dès la naissance des siécles; car ta durée, grande & éternelle. Majesté resplendit au-dessus du Monde & du Ciel des Etoiles. Tu es élevé sur elles, ô feu étincelant, & tu t'allumes & t'entretiens toi-même par ta propre splendeur, & il sort de ton essence des ruisseaux intarissables de lumieres qui nourrissent ton Esprit infini. Cet Esprit produit toutes choses, & fait ce trésor inépuisable de matiere qui ne peut manquer à la générations qu il environne toujours à cause des formes sans nombre dont elle est enceinte & dont tu l'as remplie au commencement. De cet Esprit tirent aussi leur origine ces Rois très saints qui sont debout autour de ton trône & qui composent ta Cour; ô Pere universel, à unique, à Pere des Bienheureux mortels & immortels! Tu as créé en particulier des patiences qui sont merveilleusement semblables à ton éternelle pensée & à ton essence adorables. Tu les as établis supérieurs aux Anges qui annoncent au monde tes volontés. Enfin, tu as crée une troisieme sorte de souverains dans les élémens. Notre continuel exercice est de te louer & d'adorer tes desirs. Nous brûlons du desir de te posséder. O Pere! O Mere, la plus tendre des Meres! O exemplaire admirable des sentimens & de la tendresse des Meres! O Fils, la fleur de tous les Fils! O forme de toutes les formes! Ame, Esprit, Harmonie & nombre de toutes choses, conserve-nous & nous sois propice. Amen.

Or, tous ceux d'entre les anciens Philosophes & les modernes de nos derniers siecles, qui ont été persuadés que les quatre Elémens sont peuplées de créatures raisonnables, les distribuent en cette maniere. L'Elément du feu est habité par les Salamandres; l'Elément de l'air est habité par les Sylphes; l'Elément de l'eau est habité par les Nymphes; & l'Elément de la terre est habité par les Gnomes ou Pigmées. Et ils croient que ces créatures ont été faites par le Créateur, pour rendre des services importans aux Hommes, & les punir quand ils sont rebelles à ses volontés.

On prétend que ces créatures extraordinaires sont d'une nature spirituelle; non pas d'une spiritualité qui exclut toute matiere, mais d'une spiritualité, qui n'admet pour fondement substantiel qu'une matiere infiniment déliée, & autant imperceptible que l'air; & sur ce principe, les sages Cabalistes qui ont bien connu la nature de ces créatures élémentaires, ont dit qu'elles ont sur toutes autres qualités celles de l'agilité & de la pénétrabilité; en sorte qu'en un moment elles peuvent venir de fort loin au secours des hommes qui ont besoin de leur ministere, & peuvent pénétrer, sans fractions, les endroits où les hommes sont détenus.

Pour ce qui regarde leurs moeurs, ces Peuples sont fort réglés, suivant les loix de la nature, grands ennemis des hommes qui vivent dans le déréglement & contre les lumieres de la raison. Et c'est sur ce principe que les sages Cabalistes, qui ont donné des enseignemens pour parvenir à la découverte des mysteres de la philosophie occulte, ont recommandé sur toutes choses, aux spectateurs de cette sublime Science, de vivre en gens de bien, exempts de toute impureté, de toute débauche, & de tout ce qui s'écarte de la droite raison; d'autant que les plus grandes merveilles qui dépendent de la Science occulte, s'operent par le ministere de ces Peuples élémentaires qui sont comme les canaux, ou pour mieux dire, les économes des influences, bénignes des Astres.

Dans les siecles passés, où l'on vivoit dans une plus grande modération des passions, & avec moins de corruption de la nature, ces Peuples élémentaires avoient beaucoup plus de fréquentation avec les hommes que dans nos derniers siecles, &

on y voïoit des prodiges qui donnoient de l'admiration, parcequ'ils sembloient outre-passer l'ordre naturel; mais si la corruption de la nature ne régnoit, l'ignorance yï étoit si grande, que la plupart des hommes attribuoient à magie ou diablerie, presque tout ce qui se faisoit par le ministere de ces Peuples élémentaires; c'est ce que l'on peut voir dans les Capitulaires de Charlemagne, & dans les Ordonnances qui furent faites sous le regne de Pepin, & les merveilles dont les histoires de ces anciens tems font mention, passent maintenant pour des contes de fées. Je renvoie aux savans Ecrits de Paracelse ceux de mes Lecteurs qui voudront être instruits plus à fond de ces Peuples élémentaires, & des commerces secrets, qu'ils ont avec les hommes. Ceux qui ont voïagé dans les Païs septentrionaux, & surtout dans la Laponie, ne peuvent pas ignorer les services que les Gnomes y rendent aux Habitans de ces régions, soit pour les garantir des périls, en les avertissant lorsqu'ils travaillent, des prochains eboulemens de terre, soit en leur faisant connoître les endroits où les mines sont plus abondantes en précieux métaux.

Les Lapons sont si fort habitués aux fréquentes apparitions des Gnomes, que bien loin d'en être effraïés, ils s'attristent, lorsqu'ils ne paroissent point quand ils travaillent dans les Minieres; parce que c'est une marque que ces mines sont stériles en métaux, quand les Gnomes n'y font pas leur résidence; & c'est une créance populaire que le Créateur les a commis à la garde des trésors souterrains, & qu'ils ont la faculté de les dispenser comme bon leur semble.

Ceux qui sont occupés à la découverte des mines d'or & d'argent, observent quelques cérémonies pour se concilier la bienveillance des Gnomes, afin qu'ils ne leur soient pas contraires dans leurs entreprises; l'expérience leur a appris qu'ils se plaisent fort aux parfums, & c'est pour cela que les sages Cabalistes en ont ordonné de propres à chaque jour de la semaine, par rapport aux sept Planétes, & comme je

sais par expérience que plusieurs personnes ont réussi à la découverte des trésors,
par le moïen des parfums, je veux bien, en
faveur de mes Lecteurs, donner ici la vraie
maniere de les faire, afin qu'ils puissent
être agréables aux Gnomes gardiens des
trésors. Car il faut savoir, que de toutes
les créatures qui habitent dans les quatre
Elémens, il n'y en a point qui soient plus
ingénieuses à nuire ou à faire du bien aux
hommes, suivant les sujets qu'on leur en
donne.

Parfum du Dimanche, sous les auspices du Soleil.

Tous les parfums se doivent faire dans
un petit réchaud de terre neuf, sur du
charbon de bois de coudrier ou de laurier.
Pour brûler le Parfum, il doit être allumé du
feu que l'on fait exprès avec le caillou d'un
petit fusil; il est bon même d'observer que
le caillou, la méche, l'allumette & la bougie
soient neufs, & qu'ils n'aient servi à aucun
usage profane, car les Gnomes sont extrê-

mement difficiles, & peu de chose les irri-
te. On préparera donc pour le Parfum du
Dimanche les drogues suivantes; savoir,
la quatrieme partie d'une once de Safran,
autant de bois d'Aloës, autant de bois de
Baume, autant de graine de Laurier, autant
de clous de Gérofle, autant de Mirthe,
autant de bon Encens, un grain de Musc,
un grain d'Ambre gris; il faut pulvériser &
mélanger ensemble toutes ces drogues, &
vous en formerez de petits grains avec un
peu de gomme Adragant, détrempée dans
de l'eau rose, & quand ils seront bien secs,
vous vous en servirez dans l'occasion, en
les jettant trois à trois sur les charbons ar-
dens.

Parfum du Lundi, sous les auspices de la Lune.

Ce parfum doit être formé des drogues
suivantes. Vous prendrez une tête de
grenouille verte, les prunelles des yeux
d'un Taureau blanc, de la graine de pavot
blanc, de l'Encens le plus exquis, comme

Storax, Benjoin ou Oliban, avec un peu de Camphre, pulvérisez toutes ces drogues & les mêlez ensemble, puis vous en formerez une pâte avec du sang d'une jeune Oie ou d'une Tourterelle, & de cette pâte vous formerez de petits grains pour vous en servir trois à trois, quand ils seront bien secs.

Parfum pour le Mardi, sous les auspices de Mars.

Ce parfum doit être composé d'Euphorbe, de Bdellion, de Sel ammoniac, de racines d'Ellébore, de poudre de pierre d'Aimant & d'un peu de fleur de Soufre; vous pulvériserez le tout ensemble, & ferez une pâte avec du sang de Chat noir & de la cervelle de Corbeau, & de cette pâte vous en formerez ces grains pour vous en servir trois à trois, dans les occasions.

Parfum du Mercredi, sous les auspices de Mercure.

Ce parfum doit être composé de graine de Frêne, de bois d'Aloës, de bon Storax, de Benjoin, de poudre d'Azur, de bouts de plumes de Paon. Vous pulvériserez & incorporerez ces drogues avec du sang d'Hirondelle & un peu de cervelle de Cerf, vous en ferez une pâte, & de cette pâte vous en formerez de petits grains, pour vous en servir trois à trois dans les occasions, quand ils seront secs.

Parfum du Vendredi, sous les auspices de Venus.

Ce parfum doit être de Musc, d'Ambre gris, de bois d'Aloës, de Roses seches, de Corail rouge; pulvérisez toutes ces drogues, & les incorporez ensemble avec du sang de Colombe ou de Tourterelle, & de la cervelle de deux ou trois Passereaux, vous en ferez une pâte, & de cette pâte vous formerez de petits grains, pour vous

en servir trois à trois dans les occasions,
quand ils seront bien secs.

Parfum du Samedi, sous les auspices de Saturne.

Ce parfum doit être composé de graine
de Pavot noir, de graine de Jusqui-
ame, de racine de Mandragore, de poudre
d'Aimant & de bonne Mirthe. Vous pulvériserez bien toutes ces drogues, & les
incorporerez ensemble avec du sang de
Chauve-souris & de la cervelle de Chat
noir, vous en ferez une pâte, & de cette
pâte vous formerez de petits grains pour
vous en servir trois à trois dans les occasions, quand ils seront bien secs.

Nous avons dit avant que de donner
la maniere de faire ces Parfums, que les
Gnomes sont de toutes les Créatures qui
habitent les quatre Elémens, les plus ingénieuses à faire du bien ou à nuire aux
hommes, suivant les sujets qu'on leur en
donne; c'est pourquoi ceux qui travaillent aux minéraux ou à la recherche des

Trésors, étant prévenus de cela, font tout ce qu'ils peuvent pour se les rendre agréables, & se précautionner autant qu'ils peuvent contre les effets de leur indignation; & l'expérience a fait connoître plusieurs fois que la Vervaine & le Laurier sont d'un bon usage pour empêcher que les Gnomes ne nuisent au travail de ceux qui sont occupés à chercher sous terre les trésors. Voici de quelle maniere Jamblic & Arbatel en parlent dans leurs Secrets cabalistiques.

Lorsque par les indices naturels ou surnaturels, c'est-à-dire, par la révélation faite en songe, vous serez bien assuré de l'endroit où il y aura un trésor : vous ferez sur cet endroit le parfum propre au jour auquel vous voudrez commencer à fouir la terre, puis vous planterez à main droite une branche de Laurier verd, & à main gauche une branche de Vervaine, & vous ferez l'ouverture de la terre entre ces deux branches; & quand vous aurez fait un creux de toute votre hauteur, vous ferez de ces deux branches une couronne que

vous entourerez autour de votre chapeau
ou bonnet, & au-dessus de cette couronne
vous attacherez le Talisman dont je vais
donner ici le modele. Si l'on est plusieurs,
il faut que chacun ait une couronne de
même.

On le peut faire sur une plaque d'étaim
fin & bien purifié, au jour & heur de
Jupiter; le thême du Ciel étant dans une
heureuse situation, on y formera d'un côté
la figure de la fortune, comme elle est ici
représentée, & de l'autre côté ces paroles,
en gros caracteres.

OMOUZIN ALBOMATATOS

Et si l'on est plusieurs jours à travailler
avant que d'arriver à l'endroit où est le
trésor, on renouvellera chaque jour le parfum qui sera propre au jour, comme nous
l'avons expliqué ci-devant; ces précautions
seront cause que les Gnomes, Gardiens du
trésor, ne seront point nuisibles, & même
vous aideront dans vos entreprises; c'est
une preuve dont j'ai été témoin oculaire,
avec un heureux succès, dans le vieux
Château d'Orviéte.

Etiam Fortuna

OMOUZIN

ALBOMATATOS

J'ai parlé ci-devant des Indices naturels par lesquels on peut faire la découverte des trésors, & je m'explique plus
nettement. Paracelse, dans son traité de
la Philosophie occulte, page 489, dit que
pour avoir des indices certains des lieux où
il y a des trésors & des richesses cachées,
il faut observer les endroits où durant la
nuit des spectres ou fantômes apparois-
sent, ou quelqu'autre chose extraordinaire
qui épouvante les Passans & ceux qui habitent dans ces lieux, & particuliérement
la nuit du Vendredi au Samedi, si l'on y
voit des feux volans, des tumultes & des
fracas, ou quelqu'autre chose semblable,
on peut former une conjecture raisonnable, qu'il y a dans ces lieux quelque trésor
caché.

Mais l'homme prudent n'en demeure-
ra pas là ; il faut se donner de garde d'être
surpris par le rapport d'autrui, & sur-tout
de certaines gueusailles, ou petites femme-
lettes, qui, sur des visions chimériques, en-
gagent les honnêtes gens à des recherches
inutiles : il ne faut donc s'engager dans ces

sortes de recherches, que sur le témoignage de gens qui ne soient point suspects,
c'est-à-dire, qui aient de la probité, & qui
soient d'un esprit solide; & il sera encore
plus sur d'expérimenter par soi-même ces
sortes de visions, en faisant résidence sur
les lieux.

Il ne faut pourtant pas absolument
rebuter ceux qui nous font ces sortes de
rapports, mais en examiner prudemment
les circonstances, car je suis témoin que, si
on avoir voulu croire Philippe d'Ortano,
Chirurgien-major de la petite garnison du
vieux Château d'Orviéte, on auroit négligé
l'entreprise que l'on poussa à boit avec un
heureux succès; car, comme il étoit grand
parleur, & assez persuasif dans ce qu'il
disoit, il tournoit en ridicule ce que l'on
rapportoit des apparitions que plusieurs
Domestiques & Soldats avoient eues dans
le lieu où le trésor fut trouvé.

Celui qui voudra s'appliquer à la recherche d'un trésor prétendu caché, doit
examiner la qualité du lieu, nonseulement
par la situation présente de ce lieu, mais

par rapport à ce que les anciennes histoires en disent; car on doit remarquer qu'il
ï a de deux sortes de trésors cachés. La
premiere sorte est de l'or & de l'argent,
qui a été formé dans les entrailles de la
terre, par la vertu métallique des Astres
& du terrein où il est. La seconde sorte
est de l'or & de l'argent monnoïé ou mis
en oeuvre d'orfévrerie, & qui a été déposé
en terre pour diverses raisons, comme de
guerres, de pestes & autres; & c'est ce que
le sage rechercheur de trésors doit examiner, en considérant si ces circonstances conviennent au lieu dont il est ques-
tion. Ces sortes de trésors d'or, d'argent
monnoïé, & de vaisselle d'orfévrerie se
trouvent ordinairement dans les débris &
masures des anciennes maisons de qualité
& Châteaux, ou proche de vieilles églises
ou Chapelles ruinées. Et les Gnomes ne
prennent point possession de ces sortes
de trésors, si ce n'est que volontairement
ceux qui les déposent & enfouissent dans
les lieux souterrains, ne les y invitent que
par la vertu des Parfums & Talismans faits

à ce sujet; & en cette conjecture, il faut les en déposséder par de plus forts Parfums & Talismans, comme nous avons dit; ceux que l'on forme sous les auspices de la Lune & de Saturne, la Lune entrant dans les signes du Taureau, du Capricorne ou de la Vierge, sont les plus efficaces.

Il faut surtout que ceux qui sont occupés à cette recherche ne s'épouvantent pas; car il ne manque pas d'arriver assez ordinairement que les Gnomes, Gardiens des trésors, fascinent l'imagination des Travailleurs, par des représentations & visions hideuses; mais ce sont des contes de bonnes gens du tems passé, de dire qu'ils étranglent ou tuent ceux qui approchent des trésors qui sont en leur garde, & si quelques-uns sont morts dans les cavités souterraines, en faisant la recherche, cela est peut-être arrivé, ou par l'infection de ces lieux, ou par l'imprudence des Travailleurs, qui n'appuient pas solidement les endroits qu'ils creusent, quand ils sont ensevelis sous les ruines. C'est un badinage de dire qu'il faut garder un profond silence en creusant : au contraire, c'est le moïen de s'épouvanter plus facilement par les imaginations fantastiques ; on peut donc sans scrupule parler de choses indifférentes, ou même chanter, pourvu qu'on ne dise rien de dissolu & d'impur, qui puisse irriter les esprits.

Si, en avançant le travail, on entend plus de bruit qu'auparavant, que l'on ne s'épouvante pas, mais que l'on redouble les parfums, & que quelqu'un de la Compagnie récite à haute voix l'Oraison des Salamandres que j'ai donnée ci-devant, & ce sera le moïen d'empêcher que les esprits n'emportent plus loin le trésor, se rendant attentifs aux mystérieuses paroles que l'on récitera, & pour lors on doit redoubler vigoureusement le travail, je ne dis rien qui n'ait été éprouvé en ma présence avec succès ; le petit livre de l'Enchiridion est bon dans ces occasions à cause de ses mystérieuses oraisons.

Il est arrivé qualquefois que les Gnomes ont transmué les métaux précieux en des matieres viles & abjectes, & ont trompé les ignorans qui n'étoient pas informés de leurs subtilités : mais le sage & prudent Fossoïeur, qui trouvera dans les entrailles de la terre de ces sortes de matieres, qui naturellement n'y doivent pas être, les recueillera & les éprouvera au feu, composé de bois de Laurier, de Fougere & de Vervaine; le charme se dissipant par ce moïen, les métaux retourneront en leur premiere nature; un signe assez ordinaire de ces transmutations fantastiques, c'est lorsque l'on trouve ces matieres viles & sordides dans des vaisseaux, ou de terre cuite, ou de pierre taillée, ou d'airain; & pour lors il ne faut pas les négliger, mais les éprouver au feu, comme je viens de dire.

Je finirai sur cette matiere avec le secret que donne Cardan pour connoître si le trésor est dans un lieu où l'on creuse. Il dit qu'il faut avoir une grosse chandelle, composée de suif humain, & qu'elle soit enclavée dans un morceau de bois de coudrier, fait en la maniere qui est représentée dans la figure suivante; & si la chandelle,

étant allumée dans le lieu souterrain, y fait
beaucoup de bruit en pétillant avec éclat,

c'est une marque qu'il y a un trésor en ce
lieu; & plus on approchera du trésor, plus
la chandelle pétillera, & enfin elle s'étein-
dra quand on sera tout-à-fait proche; il
faut avoir d'autres chandelles dans des
lanternes, afin de ne pas demeurer sans
lumiere. Quand on a des raisons solides
pour croire que ce sont des esprits des
hommes défunt qui gardent les trésors, il
est bon d'avoir des cierges bénis au lieu
de chandelles communes, & les conjurer
de la part de Dieu, de déclarer si l'on peut
faire quelque chose pour les mettre en lieu
de bon repos; & il ne faudra jamais manquer d'exécuter ce qu'ils auront demandé.

Tromperie de la Mandragore
artificielle.

Il y a des Suborneurs de peuple qui, abusant de la crédulité & simplicité des bonnes gens, se mettent en grand crédit par des tours de souplesse, qui en apparence ont quelque chose de surnaturel: de ce genre est la Mandragore artificielle, avec laquelle ils contrefont les Oracles divins. Comme je passois par Lille en Flandre, je fus invité, par un de mes Amis à l'accompagner chez une vieille femme qui se mêloit de ce badinage, & qui passoit pour une grande devineresse, & je découvris sa fourberie, qui ne pouvoit être longtems cachée qu'à un peuple aussi grossier qui sont les Flamands. Cette vieille nous conduisit dans un petit cabinet obscur, éclairé seulement d'une lampe, à la lueur de laquelle on voïoit sur une table couverte d'une nape une espece de petite statue ou poupée, assise sur un trépied, aïant le bras gauche étendu, tenant de la même main gauche une petite cordelette de soie fort

déliée, au bout de laquelle pendoit une petite mouche de fer bien poli, & au-dessous
il y avoit un verre de fougere, en sorte que
la mouche pendoit dans le verre, environ
la hauteur de deux doigts. Et le mystere
de la Vieille consistoit à commander à la
Mandragore de frapper la mouche contre
le verre, pour rendre témoignage de ce
que l'on vouloit savoir.

La Vieille disoit, par exemple : Je te
commande, Mandragore, au nom de celui à qui tu dois obéir, que si Monsieur un
Tel doit être heureux dans le voïage qu'il
va faire, tu fasses frapper la mouche trois
fois contre le verre, & en disant les der-
nières paroles, elle approchoit sa main à
une petite distance, empoignant un petit
bâton qui soutenoit sa main élevée à peu
près à la hauteur de la mouche suspendue,
qui ne manquoit point de frapper les trois
coups contre le verre, quoique la Vieille
ne touchât en aucune façon à la statue
ni à la cordelette, ni à la mouche; ce qui
étonnoit ceux qui ne savoient pas la mi-
nauderie dont elle usoit. Et afin de duper

les gens par la diversité de ses Oracles, elle défendoit à la Mandragore de faire frapper la mouche contre le verre, si telle ou telle chose devoit ou ne devoit pas arriver; par exemple, Je te défends, Mandragore, au nom de celui à qui tu dois obéir, que tu ne fasses point frapper la mouche contre le verre, si Monsieur un Tel doit mourir avant sa femme; & mettant la main en la même posture que j'ai dit, la mouche ne frappoit point contre le verre.

Voici en quoi consistoit tout l'artifice de la Vieille, dont je m'aperçus après l'avoir examinée un peu attentivement. La mouche de fer, qui étoit suspendue dans le verre au bout de la cordelette de soie, étant fort légère & bien aimantée, quand la Vieille vouloit qu'elle frappât contre le verre, elle mettoit à un de ses doigts une bague, dans laquelle étoit enchassé un assez gros morceau d'excellent aimant, de manière que la vertu magnétique de la pierre mettoit en mouvement la mouche aimantée, & lui faisoit frapper autant de coups qu'elle vouloit contre le verre; &

lorsqu'elle vouloit que la mouche ne frappât plus, elle ôtoit de son doigt la bague, sans qu'on s'en aperçut. Ceux qui étoient d'intelligence avec elle, & qui lui attiroient des pratiques, avoient soin de s'informer adroitement des affaires de ceux qu'ils lui amenoient, & ainsi on étoit facilement dupé.

Autre tromperie par la tête de Saint Jean.

L'avidité de gagner de l'argent est une vraie tyrannie dans le coeur de l'homme, qui le rend ingénieux jusqu'à la profanation des choses saintes. Le Poète ancien avoit bien raison de se plaindre en ces termes : *Auri sacra fames, quid non mortalia pectora cogis?*

Je dis cela à l'occasion d'une autre supercherie que j'ai vu pratiquer à ces sortes de gens dont je viens de parler. Ils avoient disposé une table carrée, soutenue de cinq colonnes, une à chaque coin, & une dans le milieu; celle du milieu étoit un gros tuïau de carton épais, peint en bois, la table étoit percée à l'opposite de ce tuïau, & un bassin de cuivre, aussi percé, étoit mis sur le trou de la table, & dans le bassin étoit une tête de S. Jean, de gros carton, peinte au naturel, qui étoit creusée, aïant la bouche ouverte; il y avoit un porte-voix qui passoit à travers le plancher de la chambre qui étoit au-dessous du cabinet où tout cet attirail étoit dressé, & ce porte-voix aboutissoit au col de cette tête; de maniere qu'une personne, parlant par l'organe de ce porte-voix de la chambre d'en-bas, se faisoit entendre distinctement dans le cabinet, par la bouche de S. Jean. Ainsi le prétendu Devin ou Devineresse, affectant de faire quelque cérémonie superstitieuse pour infatuer ceux qui venoient consulter cette tête, il la conjuroit au nom de S. Jean, de répondre sur ce que l'on vouloit savoir; & proposoit la difficulté, d'une voix assez haute pour être entendu de la chambre de dessous, par la personne qui devoit faire la réponse, par le porte-voix, étant instruite à-peu-près de ce qu'elle devoit dire.

Subtilités naturelles, qui ont quelque
chose qui donne de l'admiration.

Voici la maniere de faire un cierge
magique, au moïen duquel celui qui
le tiendra allumé, paroîtra sans tête. Vous
prendrez la peau dont le Serpent s'est
nouvellement dépouillé, de l'orpiment,
de la poix grecque, du reupontique, de
la cire vierge, & du sang d'un âne; vous
broïerez toutes ces choses ensemble, &
vous les mettrez bouillir à petit feu, durant trois ou quatre heures, sans un vieux
chaudron plein d'eau de marais; puis les
laissant refroidir, vous séparerez la masse
de vos drogues d'avec l'eau, & vous en
composerez un cierge, dont le lumignon
sera de plusieurs fils d'un linceul où un
Mort aura été enseveli, & quiconque allumera ce cierge, en sera éclairé & paroîtra
sans tête.

Autre sur le même sujet.

Si vous voulez que tous ceux qui seront dans une chambre paroissent en forme de grands Eléphans ou de Chevaux, vous ferez un parfum en cette maniere; il faut broïer de l'Alkekenge avec de la graisse de Dauphin, & en former de petits grains, de la grosseur de grains de citron; puis vous aurez de la fiente d'une vache qui ne nourrisse point de veau; vous ferez bien sécher cette fiente, en sorte qu'on puisse en faire du feu, & vous aurez le divertissement que vous souhaiterez, pourvu que la chambre soit si bien close, que la fumée n'en puisse sortir que par la porte.

Autre sur le même sujet.

Pour faire paroître une chambre pleine de serpens & d'autres figures qui donnent de la terreur, vous y allumerez une lampe qui soit garnie de ce qui suit : prenez de la graisse d'un Serpent noir, avec la derniere peau qu'il aura quitté; vous ferez bouillir cette graisse & cette peau avec de la vervaine, dans un chaudron où vous aurez mis deux pots d'eau de forge, & au bout d'un quart d'heure vous tirerez le chaudron de dessus le feu, & vous coul-

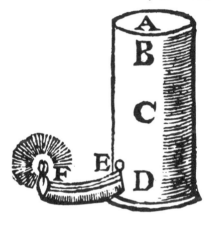

erez cette composition dans un morceau de linceul qui ait servi à un Mort, vous laisserez refroidir la composition; & vous ôterez avec une cuillere la graisse qui sera congelée sur l'eau; puis vous ferez un lumignon avec des fils de linceul mortuaire; & aïant mis dans le fond de la lampe la peau bouillie du Serpen, vous affurerez le lumignon avec la graisse; & quand la lampe sera allumée avec de l'huile d'ambre, vous

aurez un spectacle hideux de Serpens qui
épouvanteront ceux qui ne sauront pas le
secret de cette lampe.

Autre sur le même sujet.

J'ai éprouvé en Flandre l'effet d'une lampe pour délivrer de l'importun croassement des Grenouilles, & pour leur imposer
subitement silence; c'étoit dans le Château
du sieur Tillemont, dont les fossés étoient
si remplis de ces criardes insectes, que l'on
avoit peine de reposer la nuit. Nous fimes
fondre de la cire blanchie au Soleil avec
de la graisse de Crocodile qui est à-peu-
près comme l'huile de baleine; & je crois
même que cette huile auroit le même effet
que la graisse de Crocodile qui est assez
rare en ce païs. Nous garnîmes une lampe
de cette composition avec un assez gros
lumignon, & elle ne fut pas si-tôt allumée
& posée sur le bord du fossé, que les grenouilles cesserent leur croassement.

De la Main de gloire dont se servent les Scélérats Voleurs, pour entrer dans les maisons de nuit sans empêchement.

J'avoue que je n'a jamais éprouvé le secret de la main de gloire, mais j'ai assisté trois fois au jugement définitif de
certains Scélérats qui confesserent à la
torture, s'être servis de la Main de gloire
dans les vols qu'ils avoient faits, & comme
dans l'interrogatoire on leur demanda ce
que c'étoit, & comment ils l'avoient eue,
& quel en étoit l'usage, ils répondirent,
premiérement, que l'usage de la Main de
gloire étoit de stupéfier & rendre immobiles ceux à qui on la présentoit, en sorte
qu'ils ne pouvoient non plus branler que
s'ils étoient morts; secondement, que
c'étoit la main d'un Pendu, troisiémement,
qu'il falloit la préparer de la maniére suivante : on prend la main droite ou la gauche d'un Pendu exposé sur les grands chemins; on l'enveloppe dans un morceau de
drap mortuaire, dans lequel on la presse

bien pour lui faire rendre le peu de sang
qui pourroit être resté; puis on la met dans
un vase de terre avec du zimat, du salpêtre, du sel & du poivre long, le tout bien
pulvérisé : on la laisse durant quinze jours
dans ce pot; puis l'aïant tirée on l'expose
au grand Soleil de la Canicule, jusqu'à ce
qu'elle soit devenue bien séche; & si le Soleil ne suffit pas, on la met dans un four
qui soit chauffé avec de la fougere & de
la vervaine; puis l'on compose une espece
de chandelle avec de la graisse de Pendu,
de cire vierge & du sisame de Laponie, &
l'on se sert de cette Main de gloire comme
d'un chandelier, pour y tenir cette chandelle allumée; & dans tous les lieux où
l'on va avec ce funeste instrument, ceux
qui y sont demeurent immobiles; & sur ce
qu'on leur demanda, s'il n'y avoit point de
remede pour ce garantir de ce prestige, ils
dirent que la Main de gloire devenoit sans
effet, & que les voleurs ne pourroient s'en
servir si on frottoit le seuil de la porte de
la maison, ou les autres endroits par où ils
peuvent entrer, avec un onguent composé

La Main de Gloire.

de fiel de chat noir, de graisse de poule blanche & du sang de chouette, & qu'il falloit que cette confection fût faite dans la temps de la Canicule.

Autre pour rendre un homme ou femme insensible à la torture, en sorte qu'on ne pourra rien tirer de leur confession.

A propos de ce que je viens de dire de la déclaration que les Scélérats avoient faite étant exposés à la gêne, je rapporterai par le détail de ce que j'ai appris du Sieur Bamberge, fameux Juge Criminel d'Oxfort. Il m'a dit qu'il avoit assisté plusieurs fois au jugement criminel de certains Scétérats, qu'on ne pouvoir presque pas convaincre que par leur déposition, attendu que leurs crimes avoient été commis si secrétement, & avec de relles précautions, qu'on ne leur pouvoit produire suffisans Témoins, quoiqu'il y eût de fortes présomptions contre eux, & que ces gens se fioient si fort à des secrets qu'ils avoient, de se rendre insensibles à la gêne, qu'ils se constituoient volontairement prisonniers pour se purger de ces prétendues présomptions. Il y en a qui se servent de certains paroles, prononcées à voix basse; & d'autres de petits billets qu'il cachent en quelque partie de leur corps. Voici trois vers qu'ils prononcent dans le tems qu'on les applique à la gêne.

Imparibus meritis tria pendant corpora ramis.
Dismas & Gestas in medio est Divina Potestas.
Dismas damnatur, Gestas ad astra levatur.

Voici d'autres paroles qu'ils prononcent lorsqu'ils sont actuellement appliqués à la torture. Comme le lait de la benoite & glorieuse Vierge Marie a été doux & suave à Notre Seigneur Jesus-Christ, ainsi cette torture & corde soient douces & suaves à mes membres. Le premier que je reconnus se servir de ces sortes de charmes, nous surprit par le constance qui étoit au-dessus de nature; car après la premiere serre

de la gêne qu'on lui eut donnée, il parut
dormir aussi tranquillement que s'il eût été
dans un bon lit, sans se lamenter, plaindre,
ni crier; & quand on eut continué la serre
deux ou trois fois, il demeure immobile
comme une statue de marbre; ce qui nous
fit soupçonner qu'il étoit muni de quelque
enchantement, & pour en être éclairci, on
le fit dépouiller nu comme la main; & après
une exacte recherche, on ne trouva autre
chose sur lui qu'un petit papier où étoit la
figure de trois Rois, avec ces paroles sur
le revers : *Belle Etoile, qui a délivré les Mages
de la persécution d'Hérode, délivre-moi de tout
tourment.* Ce papier étoit fourré dans son
oreille gauche. Or, quoiqu'on lui eût ôté ce
papier, il ne laissa pas d'être, ou au moins
de paroître insensible aux toutmens; parce
que lorsqu'on l'y appliquoit il prononçoit
à voix basse, entre ses dents, certaines paroles qu'on ne pouvoit entendre distinctement; & comme il persévéra constam-
ment dans la négation, on fut obligé de
la renvoïer en prison jusqu'à ce qu'on eût
quelques preuves plus fortes contre lui.

On dit que l'on peut faire cesser l'effet de ces paroles mystérieuses en prononçant quelques versets de l'Ecriture Sainte, ou des Heures Canoniales, comme sont les suivans. *Mon coeur a proféré chose bonne; je dirai toutes mes actions au Roi, & lui déclarerai mes oeuvres. Le Seigneur ouvrira mes levres, & ma bouche annoncera vérité. Que la méchanceté du Pécheur soit confondue; tu perdras, Seigneur, tous ceux qui disent le mensonge.*

Onguent par le moïen duquel on peut s'exposer dans le feu sans être brûlé.

Il y a plusieurs siecles que la coutume étoit de recevoir les Criminels à prouver leur innocence par l'expérience du feu; mais soit que l'on ait considéré que cette maniere d'agir ne fût pas légitime, parce que c'étoit en quelque façon tenter Dieu sur l'innocence des personnes accusés; soit aussi que l'on ait reconnu qu'il pouvoit y avoir de la fraude dans ces épreuves, la coutume en a été entiérement abolie. En effet, on avoit trouvé, dès ces tems-

là, le moïen de suspendre l'activité du feu,
suivant ce qu'en disent les anciens histo-
riens. Et voici ce que j'ai recueilli de plus
vraisemblable : il faut faire un onguent
composé de suc de bismauve, de glaire
d'oeuf frais, de semence d'une herbe que
l'on appelle spylion ou herbe aux Puces,
de la chaux en poudre, du suc de raifort;
bien piler & mêler tout cela ensemble, s'en
frotter par tout le corps, si on veut faire
l'épreuve entiere, ou les mains seulement,
si l'on ne veut éprouver le feu qu'en cette
partie; & on laissera sécher cet oignement,
& on s'oindra derechef jusqu'à trois fois,
& ensuite on pourra hardiment soutenir
l'épreuve du feu, sans crainte d'en être endommagé.

Pour l'eau ardente qui sert à une infinité de grandes opérations.

Vous prendrez d'un puissant vin vieux,
fort en couleur, violent; & sur deux
pintes vous mettrez en infusion un caillou de bonne chaux vive du poids de demi

livre ou environ, quarante onces de soufre vif, autant de bon tartre de Montpellier, autant de sel commun; & tout cela étant pilé & mêlé ensemble dans un bon alambic bien lutté, vous distillerez à petit feu jusqu'à trois fois votre eau ardente, que vous conserverez pour votre usage dans un bocal de verre fort; quelques-uns se contentent de distiller de la serpentine infusée dans du vin & de la chaux vive.

Pour faire le terrible feu Grégeois.

Ce feu est si violent, qu'il brûle tout ce à quoi il est appliqué, sans qu'il puisse être éteint, si ce n'est avec de l'urine, du fort vinaigre, ou du sable. On le compose avec du souffre vif, du tartre, de la sarcocole, de la picole, du sel commun recuit, du pentreole & de l'huile commune; on fait bien bouillir toutes ces drogues ensemble, jusqu'à ce qu'elles consument un morceau de toile qu'on jettera dedans; il les faut remuer avec une spatule de fer et il ne faut pas s'exposer à faire cette composition dans une chambre, mais dans une cour, car, si le feu prenait, on serait bien embarrassé à l'éteindre.

Pour avoir la Paix.

Je quitte ces matières violentes, pour dire un mot de la Paix. J'ai lu, dans le très curieux livre des secrets du Roi Jean d'Arragon, que si aucun dans le mois de Septembre, aïant observé le tems que le Soleil est entré au signe de la Vierge, a soin de cueillir de la fleur de Souci, qui a été appellée par les Anciens, Epouse du Soleil, & si on l'enveloppe de dans des feuilles de Laurier avec une dent de loup, personne ne pourra parler mal de celui qui les portera sur lui, & vivra dans une profonde paix & tranquillité avec tout le monde.

Autre, sur le même sujet.

On voit dans un vieux mémoire de l'Histoire de France sous le règne

de Charles VII, que ce Prince étant dans
une extrême consternation de voir son
Roïaume accablé de guerres, eut recours à
un saint Hermite, pour se recommander à
ses prières. Le saint Homme lui donna une
image de Véronique, comme on la, voit ici
représentée, avec la suivante Oraison qu'il
avoit écrite sur le revers de l'Image, de sa
main; assurant que s'il la portoit dévote-
ment, & récitoit tous les jours la susdite
Oraison, ses affaires se rétabliraient de
bien en mieux; ce qui arriva effectivement
fort peu de tems après, d'une manière que
l'on peut dire miraculeuse, par le service
que lui rendit la Pucelle d'Orléans. Et c'est
ce qui a donné occasion à la dévotion que
plusieurs personnes ont de porter cette
Image & de réciter cette Oraison.

Pax Domini nostri Jesu-Christi sic semper
mecum per virtutem Heliæ Prophetæ, cum potesta-
te & efficacia Faciei Domini nostri Salvatoris &
dilectissimæ Matris ejus Sanctæ Mariæ Virginis,
& per caput Sancti Joannis Baptistæ, & per duo-
decim Apostolos, & per quatuor Evangelistas,
& per sanctos omnes Martires Dei, Confessores,

Virgines, Viduas, Archangelos, Angelos, &
omnes denique celestes Hierarchias. Amen.

Secret de la Jartiere
pour les Voïageurs.

Vous recueillerez de l'herbe que l'on
appelle armoise, dans le tems que le
Soleil fait son entrée au premier degré du
signe du Capricorne; vous le laisserez un
peu sécher à l'ombre, & en ferez des jarretieres avec la peau d'un jeune Lievre; c'est-
à-dire, qu'aïant coupé la peau du Lievre
en courroies de la largeur de deux pouces,
vous en ferez un redouble, dans lequel
vous coudrez ladite herbe, & les porterez
aux jambes: il n'y a point de cheval qui
puisse suivre long-tems un homme de
pied, qui est muni de ces jarretieres. Si
vous faites pisser sur vos jambes une fille
vierge avant le Soleil levé, non-seulement
vous serez soulagé de la lassitude du jour
précédent, mais aussi vous ferez ce même
jour beaucoup plus de chemin qu'à votre
ordinaire sans vous lasser. Observez le

tems que la Lune sera en conjonction
avec Mercure; & l'observation sera encore
meilleure, si elle se fait un Mercredi du
Printems; puis vous prendrez un morceau
de cuit de peau d'un jeune Loup dont
vous ferez deux jarretieres, sur lesquelles
vous écrirez avec votre sang les paroles
suivantes : *Abumalith cados ambulavit in for-
titudine cibi illius*; & vous serez étonné de
la vîtesse avec laquelle vous cheminerez,
étant muni de ces jarretieres à vos jambes.
De peur que l'écriture ne s'efface, il sera
bon de doubler la jarretiere d'un padou de
fil blanc du côté de l'écriture. Il y a encore une maniere de faire la jarretiere que
j'ai lue dans un vieux Manuscrit de lettres
gothiques : en voici la recette. Vous aurez
les cheveux d'un Larron pendu, desquels
vous ferez des tresses dont vous formerez des jarretieres, que vous coudrez entre deux toiles, de telle couleur qu'il vous
plaira : vous les attacherez aux jambes de
derriere d'un jeune Poulain; puis en le
forçant de marcher en reculant environ
vingt pas, vous direz les paroles suiv-

antes : *Sicut ambulat Dominus sabaoth super pennas ventorum, sicut ambulabo super terram*; & vous laisserez échapper le poulain, & le ferez courir à perte d'haleine, & vous vous servirez avec plaisir de ces jarretieres.

Secret du Bâton du bon Voïageur.

Vous cueillerez le lendemain de la Toussaint une forte branche de Sureau, dont vous ferez un bâton que vous approprierez à votre mode; vous le creuserez en ôtant la mouelle qui est dedans, après avoir garni le bout d'en-bas d'une virole de fer; vous mettrez au fond du bâton les deux yeux d'un jeune Loup, la langue & le coeur d'un Chien, trois Lézards verts, trois coeurs d'Hirondelles; & que tout cela soit séché au Soleil entre deux papiers, les aïant auparavant soupoudrés de fine poudre de Salpêtre; & vous mettrez par-dessus tout cela dans le bâton sept feuilles de Vervaine, cueillies la veille de Saint Jean-Baptiste, avec une pierre de diverses couleurs, que vous trouverez dans le nid de la

Hupe, & vous boucherez le haut du bâton
avec une pomme de buis, ou telle autre
matiere que vous voudrez, & soïez assuré que ce bâton vous garantira des périls
& incommodités qui ne surviennent que
trop ordinairement aux Voïageurs, soit
de la part des Brigands, des Bêtes féro-
ces, Chiens enragés & Bêtes venimeuses;
il vous procurera aussi la bienveillance de
ceux chez qui vous logerez.

Secret pour faire faire à un Cheval plus de chemin en une heure qu'un autre n'en pourra faire en huit heures.

Vous mêlerez dans l'avoine du Cheval
une poignée de l'herbe appellée
satirion, que vous hacherez bien menue,
vous oindrez le haut de ses quatre jambes
en dessous du ventre avec de la graisse de
Cerf; & quand vous serez monté dessus
prêt à partir, vous lui tournerez la tête du
côté du Soleil levant; & vous penchant sur
son oreille gauche, vous prononcerez trois

fois, à voix basse, les paroles suivantes, &
vous partirez aussitôt. *Gaspard, Melchior,
Merchisard*. J'ajoute à ceci, que si vous suspendez au cou du Cheval les grosses dents
d'un Loup qui aura été tué en courant, le
Cheval ne sera pas fatigué de sa course.

Pour rendre doux un Cheval qui est furieux.

On trouve des petites pierres rondes &
verdâtres au pied du Mont Sénis, qui
ont telle vertu, que si vous en mettez une
dans chaque oreille d'un Cheval furieux, &
que vous serriez ses oreilles avec la main, le
cheval deviendra doux & traitable; en sorte
que non-seulement on le montera facilement, mais le Maréchal le ferrera sans qu'il
regimbe aucunement. Le Taureau furieux
& indompté se peut apprivoiser, si on le lie
à un figuier, & qu'on lui fasse prendre sa
nourriture durant quelque tems sous cet
arbre. On en vient aussi à bout, si on lie
avec de l'écorce de sureau la jambe droite
du Taureau au-dessous du genou.

Pour faire tomber un Cheval comme s'il étoit mort.

Vous aurez une langue de serpent que vous envelopperez de cire vierge, & vous la mettrez dans l'oreille gauche d'un Cheval, il tombera par terre comme s'il étoit mort; & aussi-tôt que vous l'aurez ôtée, il se relévera plus gaillard qu'il n'étoit au paravant; il ne faut pourtant pas la laisser longtems, de peur que cela ne nuise au Cheval.

Pour se rendre invisible par le moïen d'un anneau.

On rapporte du fameux Gigez, qu'il parvint au trône de la Lydie par le moïen d'un anneau magique, qui le rendant invisible, lui donna la facilité de commettre adultere avec la Reine & de tuer le Roi. Les sages Cabalistes nous ont laissé la méthode de fabriquer des anneaux qui aient pareillement la vertu de l'invisibilité. Il faut entreprendre cette opération im-

portante un jour de Mercredi du Printems
sous les auspices de Mercure, lorsque l'on
connoîtra que cette Planette lsera en conjonction avec une des autres Planettes favorables, comme la Lune, Jupiter, Venus
ou le Soleil, & aïant de bon Mercure fixé
& bien purifié, on en formera une grosse
bague qui puisse entrer facilement dans le
doigt du milieu de la main : on y enchassera dans le chaton une petite pierre que
l'on trouve dans le nid de la Hupe, & l'on
gravera autour de la bague les paroles
suivantes, *Jesus passant* ✝ *par le milieu d'eux*
✝ *s'en alloit* ✝, puis aïant posé cette bague
sur une plaque de Mercure fixé, laquelle
sera faite en forme de petite palette, on
fera le Parfum de Mercure, comme il est
marqué ci-devant, & on exposera trois
fois de suite la bague sur la palette dans
la fumée du parfum, & l'aïant enveloppée
dans un morceau de taffetas de la couleur
convenable à la Planéte, on la portera
dans le nid de la Hupe d'où on a tiré la
pierre, & on la laissera durant neuf jours,
& quand on la tirera, on fera encore le

parfum comme la premiere fois; puis on la gardera précieusement dans une petite boîte faite avec du mercure fixé pour s'en servir dans les occasions. La maniere de s'en servir n'est autre que de mettre cette bague à son doigt, en tournant la pierre en dehors de la main; elle a la vertu de tellement fasciner les yeux des Assistans, que l'on est en leur présence sans être vu. Et quand on veut être vu, il faut tourner la pierre en dedans de la main, & fermer la main en forme de poing... Porphirius & Jamblic, Pierre d'Abano & son Maître Agrippa, soutiennent qu'un anneau fabriqué en la maniere dont on voit ici la figure représenté, a la même vertu & propriété. Il faut prendre des poiles qui sont au-destus de la tête de la furieuse hiéne, on en fait de petites tresses, avec lesquelles on fabrique l'anneau comme on le voit ici, & on le porte pareillement dans le nid de la Hupe durant neuf jours, & l'on fait les Parfums comme il a été dit précédemment sous les auspices de Mercure; on s'en sert de même que celui qui est fait avec du Mer-

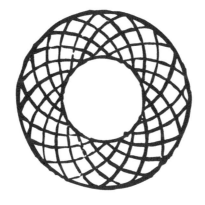

cure, excepté qu'on l'ôte absolument du doigt, quand on ne veut pas être invisible.

Pour n'être point trompé & fasciné par l'Anneau d'invisibilité.

Comme il n'y a point de poison dans la nature qui n'ait son antidote, la sage providence du Créateur aïant fait toutes choses avec poids & mesure, ne permit point de prestige qui n'ait son remede. Si l'on veut donc se précautionner contre l'effet de l'anneau cabalistique de Mercure, on aura une bague composée en la maniere suivante. On formera un anneau avec du plomb affiné & bien purgé en la façon qu'on l'a expliqué à l'endroit ci-devant où l'on a parlé des Talismans, des nombres mystérieux, des Planétes; & dans le chaton de cette bague de plomb on enchassera un oeil de jeune Bélette qui n'aura porté des Petits qu'une fois, & sur le contour de la bague on gravera les paroles suivantes: *Apparuit Dominus Simoni.* La fabrique de cette bague se fera un jour de Samedi, lorsque l'on connoîtra que Saturne sera en opposition avec Mercure; on fera trois fois le Parfum du Samedi, on enveloppera la bague dans un morceau de linceul mortuaire, & l'on l'enterrera dans un Cimetiere, on le laissera pendant neuf jours; puis l'aïant retiré, on fera trois fois le Parfum de Saturne, & l'on s'en servira. Ceux qui ont inventé cet anneau, ont raisonné sur le principe de l'antipathie, qui se trouve entre les matieres qui composent ces deux anneaux qui ont des effets si opposés; en effet, il n'y a rien de plus antipathique à la hiéne que la Bélette. Et Saturne est presque toujours rétrograde à Mercure; ou quand ils se rencontrent dans le domicile de quelques-uns des signes du Zodiaque, c'est toujours un aspect funeste de mauvaise augure.

Pour faire d'autres anneaux mystérieux sous les auspices des sept Planettes, qui attirent leurs influences à ceux qui les portent.

On a supposé ci-devant que chaque Planéte à son métal affecté & approprié à sa constitution céleste. Pour donc procéder avec ordre à la fabrique des anneaux dont nous voulons ici parler, nous dirons qu'il n'est pas seulement nécessaire de se servir des métaux des Planétes, mais aussi faut-il connoître les pierres qui ont rapport à leur constitution, pour y être enchassées & gravées de leur figure mystérieuse. La pierre d'Aigle ou Aetithes, & la Hyacinthe sont de nature Solaire. L'Emeraude est Lunaire; l'Aimant est propre à Mars aussi bien que l'Arnétiste; la Topase & le Porphire conviennent à Mercure; la Bérile est propre à Jupiter; la Cornaline convient à Venus; &

à Saturne, la Calcédoine & le Jaspe. Cela
étant ainsi connu, on fabriquera des anneaux du métail & des pierreries convenables à chaque Planéte, on aura foin de les
fabriquer à leur propre jour & heures de
leur favorable constellation, & on gravera
sur les pierres les figures mystérieuses dont
nous avons donné les modeles ci-devant
gravés en taille-douce dans l'endroit où
nous avons parlé des Talismans, des nombres mystérieux des Planetes; & parcequ'il
n'est pas si aisé de graver les figures sur les
pierres promptement que comme sur les
métaux où on les peut imprimer avec des
ferremens, il est bon d'avertir ceux qui en-
treprendront ces opérations que pourvu
qu'ils commencent leur travail au premier
moment de l'heure favorable de la Planete,
& qu'ils continuent sans désister, l'anneau
sera de valeur & aura l'influence souhai-
tée. Voici un modele des heures, tant pour
le jour que pour la nuit, qui servira à connoître celle à laquelle commence à présid-
er chaque Planete dans tout le cours de la
semaine.

Heures du Dimanche pour le Jour.

1	2	3	4	5	6
☉	♀	☿	☽	♄	♃

7	8	9	10	11	12
♂	☉	♀	☿	☽	♄

Heures pour la Nuit.

1	2	3	4	5	6
♃	♂	☉	♀	☿	☽

7	8	9	10	11	12
♄	♃	♂	☉	♀	☿

Heures du Lundi pour le Jour.

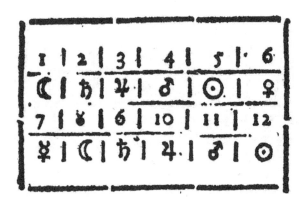

Heures pour la Nuit.

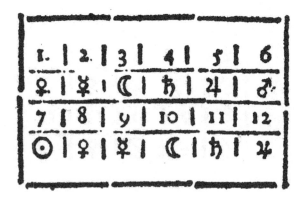

Heures du Mardi pour le Jour.

Heures pour la Nuit.

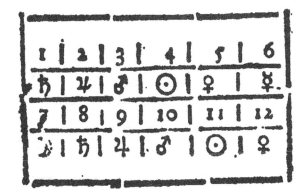

Heures du Mercredi pour le Jour.

1	2	3	4	5	6
☿	☽	♄	♃	♂	☉

7	8	9	10	11	12
♀	☿	☽	♄	♃	♂

Heures pour la Nuit.

1	2	3	4	5	6
☉	♀	☿	☽	♄	♃

7	8	9	10	11	12
♂	☉	♀	☿	☽	♄

Heures du Jeudi pour le Jour.

1	2	3	4	5	6
♃	♂	☉	♀	☿	☽

7	8	9	10	11	12
♄	♃	♂	☉	♀	☿

Heures pour la Nuit.

1	2	3	4	5	6
☽	♄	♃	♂	☉	♀

7	8	9	10	11	12
☿	☽	♄	♃	♂	☉

Heures du Vendredi pour le Jour.

Heures pour la Nuit.

Heures du Samedi pour le Jour.

1	2	3	4	5	6
♄	♃	♂	☉	♀	☿

7	8	9	10	11	12
☽	♄	♃	♂	☉	♀

Heures pour la Nuit.

1	2	3	4	5	6
☿	☽	♄	♃	♂	☉

7	8	9	10	11	12
♀	☿	☽	♄	♃	♂

La disposition cabalistique de ces gen-
res planétiques n'est pas une des moins
curieuses productions des sages Sectateurs
de la science occulte des Astres : on y voit
que les figures des Planétes se trouvent
chacune à la premiere heure de son jour,
sans anticiper l'une sur l'autre, ni inter-
rompre leur ordre dans tout le cours des
heures des jours de la semaine, & l'on a
observé que c'est ordinairement à ces
heures que les Planétes ont de favorables
aspects; ainsi ceux qui voudront travailler
aux figures mystérieuses des Pentacules &
Talismans, pourront se régler sur cet ordre, & cet arrangement des heures, parce
qu'il est de conséquence de ne pas travailler une figure myïstérieuse de Vénus
sous l'heure de Saturne, ni une figure de
Saturne sous l'heure du Soleil, & ainsi du
reste.

Quel a été le sentimen des sages Philosophes au sujet des Talismans & Figures mystérieuses.

Les Sages qui se sont appliqués à découvrir les origines des noms que l'on
a donné aux choses, & surtout à celles qui
renferment quelque chose d'extraordinaire,
disent que le nom de Talisman est un mot
hébraïque, qui signifie image mystérieuse,
quelques-uns ont dit que ce mot de Talisman est contre-tiré sur le mot grec *Teles-
ma*, qui signifie grande perfection; d'autres
lui donnent son origine de ces deux mots
latins, *Talis mens*; d'autant que quand on
est expert dans la Science cabalistique,
on peut faire des Talismans selon sa pensée, selon ses intentions, & comme on les
souhaite: ce qui est bien exprimé par ces
deux mots latins. Or, quoi qu'il en soit
de l'étimologie de ce nom, il est certain
que origine des Talismans & l'usage des
figures mystérieuses nous sont venus des
Egyptiens & des Chaldéens, qui étant très
savans dans la spéculation des astres, en

avoient pénétré toutes les vertus & effi-
cacités de leurs influences, & en avoient
fait une science pratique dont l'usage les
mit en grande réputation; & les Hébreux
qui allerent en Egypte lorsque Joseph la
gouvernoit sous le regne de Pharaon, ap-
prirent d'eux ces mysteres; & ils s'y per-
fectionnerent par la fréquentation qu'ils
eurent avec les Chaldéens qui firent les
figures célestes, pour attirer les influences
des Astres, parce qu'ils faisoient ouverte-
ment profession d'observer leur cours, la
diversité de leurs aspects & leurs conjonc-
tions, pour en tirer des pronostics qui leur
servoient à régler leur vie & leur fortune.

Ils inventerent un Systême céleste, où
ils rangerent les Astres sous divers corps
fantastiques pour fixer les veux & l'imagination sur la disposition de ces corps
célestes, ils distribuerent les Planétes dans
plusieurs cieux, avec une judicieuse su-
bordination des inférieurs, ou supérieurs,
comme on le peut voir dans cette grande
figure que j'ai fait graver. Ils firent la distinction des signes qu'ils déterminerent

sous des figures des animaux, qui avoient la simpathie naturelle avec les influences des Astres, & ce fut l'occasion & l'origine de la distinction qu'ils en firent sous les noms du Taureau, du Bélier, du Capricorne, de l'Ecrevisse, du Llion, du Scorpion, des Poissons, &c. avec lesquels ils marquerent les espaces du Ciel, que le Soleil & la Lune parcourent.

On donna depuis le nom de Zodiaque à tout cet espace ainsi distingué, qui est un mot dérivé du grec Zoon, qui signifie animal, à cause que ces animaux & ces figures tirées de divers sujets vivans, marquoient les assemblages d'Etoiles qui composent ces signes adoptés.

Les plus curieux d'entre les Savans des Grecs s'appliquerent à cette science mystérieuse, & ï réussirent avec tant de succès, que les plus beaux génies des autres Nations venoient se former sous leur direction; ce qui est un grand préjugé, qu'il y a quelque chose de solide & de vraisemblable dans les opérations de cette science, d'autant plus que la nature même semble

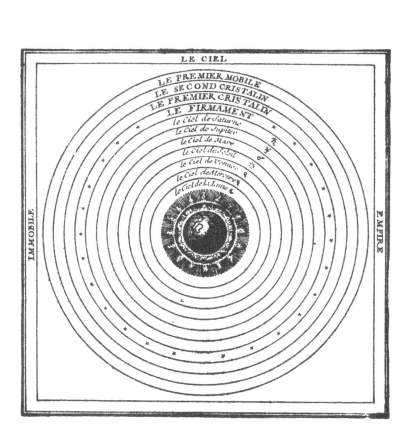

LE CIEL

LE PREMIER MOBILE
LE SECOND CRISTALIN
LE PREMIER CRISTALIN
LE FIRMAMENT
le Ciel de Saturne
le Ciel de Jupiter
le Ciel de Mars
le Ciel du Soleil
le Ciel de Venus
le Ciel de Mercure
le Ciel de la Lune

IMMOBILE

EMPIRE

l'autoriser par quelques productions merveilleuses que l'on ne peut pas nier; j'en-
tends parler de ces figures hiéroglifiques
que l'on voit naturellement empreintes sur
des pierres, sur des coquilles, sur des animaux, & qui ont des rapports tout-à-fait
surprenans, avec les figures dont elles sont
ornées.

Crollius, qui n'est pas un Auteur à mé-
priser, fait remarquer, que la plûpart des
plantes & des pierres métalliques un peu
hors du commun, ont ou en leur couleur,
ou en leur figure, des marques, des propriétés & des usages, auxquels elles peuvent être propres; le Créateur l'aïant ainsi
disposé pour les rendre utiles aux hommes
par la simpathie qu'elles ont avec les corps
célestes. Ce même Auteur remarque que
si les Hébreux ne se sont pas servis dans
leurs Talismans des figures naturelles, ce
n'étoit que parce qu'étant zélés observa-
teurs de la loi qui défendoit toutes sortes
d'images, ils ne vouloient pas y contreve-
nir, & d'autant plus que Moïse avoit trouvé
dans les noms divins de *Jeova, de Sabaoth, de*

Tetragramaton, d'Eloim, &c. des vertus merveilleuses, qui suppléoient au défaut des
figures; & c'est pourquoi ils composoient
leurs Talismans de ces saints noms & des
Oracles tirés de la Loi, & se persuadoient,
par l'expérience qu'ils en faisoient, qu'ils
avoient la vertu de les préserver des maux
qu'ils appréhendoient, & de leur procurer
les avantages qu'ils souhaitoient quand ils
les portoient sur eux, gravés sur les métaux qui ont de la convenance avec les
Astres qui répandent leurs influences sur
les corps sublunaires.

Ceux qui voudront approfondir dans
cette science des Talismans & figures mystérieuses, y feront beaucoup de progrès,
s'ils s'appliquent à la lecture des Ouvrages
de Jean l'Heureux, Chanoine d'Aire en
Artois, imprimés à Anvers, par les soins
du sieur Chifflet, sous le titre de *Desquisitio
antiquaria de gemmis Basilidianis, seu Abraxoi
Apistophistus.* On trouvera ici le modele
d'un Talisman pout être fortuné au jeu &
dans le négoce. Il a été composé par le

fameux Arbatel, qui dit qu'on le doit faire
en cette figure.

Modele d'un Talisman de Mercure.

Vous aurez une pique ronde de Mercure fixé, bien purifié & bien poli, & vous choisirez durant toute la saison du Printems un Mercredi, auquel vous observerez la constellation de Mercure, en une situation favorable, c'est-à-dire, en bon aspect avec Jupiter ou Vénus, ou en conjonction avec le Soleil ou la Lune; .vous y imprimerez d'un côté l'étoile de Mercure comme elle est ici représentée, & de l'autre côté les mots hébreux que vous voïez pareillement ici gravés, & après l'avoir parfumé trois fois du parfum propre au jour de Mercure, vous irez l'enterrer dans un grand chemin sous un gibet, & l'y laisserez durant sept jours, au bout desquels vous le retirerez & le conserverez pour votre usage, après l'avoir parfumé derechef trois diverses fois du même parfum, & il fera bon tous les Mercredis avant le Soleil levé, de réitérer le parfum de Mercure.

Un célebre auteur de notre tems dit, qu'il n'y a point de Talisman qui ne se rapporte, ou à l'Astrologie, ou à la Medecine, ou à la Religion, ou même à tous trois ensemble; car on y voit les figures, au naturel ou en hiérogliphes, par rapport aux constellations différentes, & ces Talismans ont la vertu d'attirer les influences célestes sur les personnes, sur les biens de ceux qui les font & qui s'en servent. On grave dans d'autres des simboles qui ont rapport aux plantes, aux simples & aux minéraux, & autres choses qui sont de ressort de la Médecine; & ceux-là sont utiles pour la guérison des maladies, & la conservation de la santé. Dans d'autres enfin, on y mêle les noms de Dieu, des Génies célestes, & des paroles de l'ancien & du nouveau Testament, contre les tempêtes, les naufrages, les incendies, les morts violentes & autres accidens.

J'ai donné ci-devant quelques modeles de ces Talismans gravés, avec leurs propriétés & vertus, concernant les sept Planétes; & il m'en reste encore d'autres, dont je parlerai ci-après, afin de mettre un peu de variété dans ce petit trésor des Secrets.

Maniere de faire la véritable
Eau cleste.

Vous aurez grand soin de bien choisir les drogues suivantes, en sorte qu'il n'y en ait aucune de gâtée ou sophistiquée, canelle fine, gérofle, noix muscade, gingembre, Zedoüary, galenga, poivre blanc, de tout cela une once, six pelures de bon citron, deux poignées de raisins de Damas, autant de jujubes, une poignée de moüelle d'hiébles, quatre poignées de graine de genievre qui soit bien meur, une poignée de semence de fenouil verd, autant de fleurs de basilic, autant de fleurs de millepertuis, autant de fleurs de romarin & autant de fleurs de marjolaine, de pouillos, de stecados, de franc sureau, de roses muscades, de rue, de scabieuse, de centaurée, de fumeterre & d'aigrimoine, deux onces der spica nardi autant de bois d'aloës, autant de graine de paradis, autant de calami aromatici, autant de bon macis, autant d'oliban, autant de sandal citum, une dragme d'aloës épatique, ambre fin, rhubarbe, deux dragmes.

Toutes ces drogues étant assemblée & bien conditionnées, on pilera celles qui doivent être pilées & pulvérisées, & on mettra le tout bien mélangé dans un grand alembic de verre fort, d'un pied & demi de hauteur, & vous verserez de bonne eau-de-vie sur ces drogues, en sorte que l'eau-de-vie surnage au moins de trois travers de doigt au-dessus des drogues, puis aïant bien bouché l'alambic, crainte d'évaporation, il faut mettre l'alambic dans du fumier de cheval bien chaud en digestion l'espace de quinze jours, puis on le mettra en distillation au bain-marie toujours bouillant, après l'avoir muni de son chapiteau & de son récipient, l'un & l'autre bien luttés & scellés. On sera attentif à la distillation, en sorte que lorsque l'on s'appercevra que ce qui tombe dans le récipient changera de couleur, on doit aussi changer de récipient, & remettre la premiere eau qui a distillée dans l'alambic, pour la purifier de

son flegme par une seconde distillation,
cette seconde sera la vraie Eau céleste.

Nota, que quand vous verrez cette seconde eau changer encore de couleur ti-
rant sur le roux, vous la mettrez en reser-
ve bien bouchée dans un bocal de verre
fort; puis vous délaierez demi-livre de bon
thériaque avec autant de fine térébenthine
de Venise & d'huile d'amande douce, &
mélangerez tout cela avec le marc qui est
resté dans l'alambic, & pousserez la distillation au feu de sable violemment pour
avoir la vraie huile de bau me qui doit être
comme miel clair.

Propriétés presque miraculeuses
de l'Eau céleste.

S i l'on se frotte le matin avec cette eau le
front, la paupiere des yeux, le derrière
de la tête &, la nuque du col, elle rend la
personne prompte & habile à bien appren-
dre, fortifie la mémoire, aiguise les esprits
& conforte merveilleusement la vue. En
la mettant avec un morceau de coton dans

les narines, c'est un souverain céphalique
pour purifier le cerveau de toutes super-
fluités, humeurs froides & catarrheuses.
Si de trois jours l'on en boit une cuillerée,
elle maintient la personne en force, en vigueur & dans un embonpoint, tel que la
beauté se conserve jusqu'à l'âge décrépit.
Elle est souveraine contre la courte haleine, & la rend agréable en adoucissant
les organes du poulmon, & le guérissant
lorsqu'il est gâté. Si on en donne de temps
en temps à un lépreux, elle répare si bien
son foie, qu'elle le met en voie de prompte
guérison. Elle est tellement propre contre
les venins & poisons, que si l'on en verse
sur un crapaud ou autre insecte venimeux
seulement six gouttes, on le voit mourir
soudainement. Il n'y a point de restaurant
qui puisse égaler la vertu substantielle de
cette eau divine; car non-seulement on
peut se passer de boire & manger durant
vingt-quatre heures, quand on en a avalé
le matin une cueillerez; mais même si l'on
en met dans la bouche d'un Agonisant, &
qu'il la puisse avaler, elle lui redonne de

la vigueur, & lui rend l'usage de la parole
& de la raison, s'il l'a perdu. Elle sert à
rompre la pierre & la gravelle, dissipe la
rétention d'urine & l'ardeur brûlante de
la verge. Elle soulage notablement les
Etiques, Asthmatiques & Hydropiques;
les Gouteux même s'en peuvent servir uti-
lement par fomentations. Elle garantit de
la peste & de toute fievre maligne, quelle
qu'elle puisse être; en un mot, on peut ap-
peller cette eau céleste, une Médecine universelle.

Propriétés de l'huile de Baume qui est extraite du Mare de l'Eau céleste.

Si vous en mettez dans les oreilles d'un
Sourd seulement trois gouttes de tems
en tems en bouchant les oreilles avec un
peu de coton qui en sera imbibé, la surdité
se dissipera. Elle peut guérir toute sorte de
galle & de teigne, la plus invétérée qu'elle
soit, *Item*, toutes aposthumes, plaies, cica-
trices, ulceres, vieilles & nouvelles. *Item*,

toutes sortes de morsures venimeuses, de serpens, scorpions, &c. *Item*, toutes fistules, crampes & érésipelles. Item, toute palpitation de coeur & des autres membres, par fomentation & emplâtres. Crollius en fait tant d'estime, qu'il le nomme par excellence, huile mere de Baume, témoignant par-là qu'il est plus excellent que le baume même.

Baume excellent pour se garantir de la Peste.

Cette recette que je vais donner contre la Peste & toute maladie contagieuse, est un présent d'un Roi d'Espagne à sa fille, Reine de France, que je tiens de son premier Médecin; & il n'y a personne qui ne le puisse faire à cause de sa grande facilité. Vous ratisserez bien douze racines scorsoneres, salsifis noirs, vous les ferez cuire dans trois pintes de vin blanc, en sorte que le pot où ils cuiront soit bien couvert, de crainte d'une trop grande évaporation des esprits; puis étant bien cuits vous les coulerez dans un linge en les pressant un peu, vous ajouterez à cette liqueur le jus de douze citrons, de demie once de gingembre, une demie once de clous de gérofle, une demie once de cardamomum, une demie once de bois d'aloës, le tout bien concassé; vous y joindrez une once ou environ de chacune des herbes suivantes; feuille de rue, de sureau, de ronces & de sauge franche; vous ferez bouillir tout cela ensemble à bien petit feu, jusqu'à la diminution du quart, & puis le coulerez bien promptement dans un linge double ou à la chausse; & l'aïant mis dans un bocal de verre fort, bien bouché, vous en boirez à jeun tous les matins durant neuf jours le tiers d'un demi septier, & par ce moïen vous serez à l'épreuve du mauvais air, quand bien même vous fréquenteriez les Pestiférés. Ceux qui seront déja frappés du mal contagieux, ajouteront à ce breuvage le jus d'une racine de Buglose & de scabieuse, où ils délaieront de bonne thériaque, & ils se purgeront par-là du venin mortifere. Et ceux qui auront le charbon

en évidence, pileront des feuilles de ronces, de sureau, avec graine de moutarde, &
en feront une espece de cataplasme sur le
charbon, & moïennant l'aide de Dieu, ils
guériront.

Pour faire tomber les dents pourries sans douleur.

Faites infuser dans du fort vinaigre de
petites racines de mûrier noir; après
les avoir bien concassées, vous y ajouterez, gros comme une petite feve, de vitriol
romain, & vous exposerez cela au Soleil
d'été durant quinze jours dans un bocal
de verre fort; ensuite de quoi vous les retirerez & les ferez sécher dans un pot de
terre vernissé, avec un Lézard verd dans
un four médiocrement chaud, le pot étant
bien couvert; & vous en ferez une poudre,
de laquelle vous mettrez sur la dent gâtée,
& elle la déracinera & tombera en peu de
tems.

Pour guérir des Arquebusades & autres plaies, tant vieilles que nouvelles, sans onguent ni charpie.

Vous ferez une décoction de ce que je vais vous marquer ci-après; prenez de l'aristoloche ronde, le poids de deux écus, graine de laurier, autant d'écrevisses d'eau douce séchées au four, & qu'elles aient été prises en pleine Lune, musc en poudre, le poids d'un écu, l'herbe appellée brunelle, autrement consoude moïenne, le poids de quatre écus. Il faut que cette herbe soit cueillie avec ses fleurs, & séchée à l'ombre entre deux linges. Vous réduirez toutes ces drogues en poudre, & après les avoir bien mêlées, vous les mettrez dans un sachet de toile neuve, qui soit cousu ou lié avec un fil; puis vous aurez un pot de terre neuf vernissé, dans lequel vous mettrez votre sachet, avec une vingtaine de petites branches de pervenche & trois chopines du meilleur vin blanc que vous pourrez trouver, & après avoir bouché votre pot avec trois ou quatre feuilles de papier, en

sorte que la vapeur n'en sorte point, vous
le mettrez au feu de charbon, & le ferez
bouillir tant que vous puissiez croire que
la décoction est diminuée du tiers; pour
lors vous le retirerez du feu, & l'aïant laissé
refroidir, vous coulerez la décoction dans
un double linge fin, & la mettrez dans un
bocal de verre fort, pour vous en servir
dans le besoin; prenez garde surtout que
le bocal soit si bien bouché, qu'il ne puisse
prendre vent.

Voici de quelle maniere on s'en sert
pour la guérison des plaies. Vous aurez
une petite seringue d'argent, qui sera toujours bien pure & nette, afin de vous en
servir pour les plaies qui seront creuses,
lesquelles il faudra panser trois fois par
jour en cette sorte; vous nettoïerez doucement la plaie avec un petit linge blanc de
lessive, imbibé de la décoction, puis vous
seringuerez trois ou quatre fois de la décoction dans la plaie, & vous la couvrirez
d'un petit linge fin qui soit imbibé de cette
décoction, & la couvrirez d'un morceau
de feuille de chou rouge, & mettrez sur

cette feuille encore un linge mouillé de
la décoction, en forme de compresse, &
banderez légerement la plaie, qui viendra
à guérison en peu de tems. Prenez garde
de la bien nettoïer à mesure qu'elle se fer-
mera, afin de ne pas laisser le Loup dans
la bergerie.

Autre au même sujet.

J'ai été témoin avec étonnement de la
prompte maniere avec laquelle un Soldat Polonois guérit, sans aucuns médi-
camens, un de ses Camarades blessé de
deux coups d'épée, qui étoient mortels.
Il commença par laver bien sa bouche &
ses dents avec de l'eau-de-vie, puis avec de
l'eau de rose, afin d'avoir l'haleine douce
& sans mauvaise odeur; puis s'approchant
du malade, il découvrit sa plaie qui étoit
toute sanglante, & l'aïant bien nettoïée en
la lavant avec eau de plantin, il en étancha
tout le sang, en la pressant doucement &
l'essuïant avec un linge imbibé d'eau de
plantin; puis approchant sa bouche de la

plaie, en sorte que son haleine pouvoit ré-
fléchir dessus, il prononça les paroles suivantes, en faisant le signe de la croix sur la
plaie, comme il est ici marqué. *Jesus-Christ
est né* ✝ *Jesus-Christ est mort* ✝ *Jesus-Christ est
ressuscité* ✝ *Jesus-Christ, commande à la plaie
que le sang s'arrête* ✝ *Jesus-Christ, commande
à la plaie qu'elle se ferme* ✝ *Jesus-Christ, commande à la plaie qu'elle ne fasse ni matiere, ni
puanteur* ✝ *ainsi qu'ont fait les cinq plaies qu'il
reçut en son saint Corps* ✝.... puis il continua
à dire : Epée, je te commande, au nom &
par la puissance de celui à qui toutes Créatures obéissent, de ne faire non plus de
mal à cette créature, que la lance qui perça
le sacré côté de Jesus-Christ, étant pendu
à l'arbre de la Croix : Au nom du Pere ✝ &
du Fils ✝ & du Saint-Esprit ✝ Amen.

Si la plaie perce de part en part, il faut
faire la même cérémonie de l'autre côté,
& on la couvre d'une compresse imbi-
bée d'eau de plantin, que l'on renouvelle
de douze heures en douze heures, & le
Malade reçoit une prompte guérison.

Autre, merveilleux pour guérir l'entorse du pied.

Il faut entreprendre cette guérison le plutôt que l'on peut, & ne pas donner le tems à l'inflammation, & l'entorse sera subitement guérie. Celui qui fait l'opération doit déchausser son pied gauche, & s'en servir pour toucher trois fois le pied malade, en formant des signes de la croix avec ce même pied gauche en prononçant les paroles suivantes. A la premiere fois il dira, *Antè* ✝, à la seconde fois, *Antè te* ✝, à la troisieme fois, *Super antè te* ✝. Le pied malade doit être touché au-dessus de l'entorse; & on s'en sert aussi-bien pour guérir les chevaux que pour guérir les hommes.

Ceux qui s'aviseront de taxer de superstition ces sortes de manieres de guérir, doivent savoir que de plus habiles gens qu'eux onx donné leurs approbations à des secrets de médecine qui tiennent autant du merveilleux, & dont les causes sont autant cachées que de ceux-là. Qui est-ce, par exemple, qui pourra expliquer par des raisons bien physiques, ce que j'ai lu dans un livre de Secrets, imprimé à Paris, avec Approbation & Privilege, qu'un remede infaillible pour guérir l'insomnie ou le trop grand assoupissement, c'est de prendre un gros crapaud, & d'un seul coup séparer la tête du corps, puis faire sécher cette tête, & comme il arrive toujours que les deux yeux de cette tête, quand elle est séparée, il y en a un ouvert & l'autre fermé, la personne qui doit dormir, doit porter sur soi l'oeil fermé, & la personne qui est trop assoupie & qui veut veiller, doit porter sur soi l'oeil du crapaud qui est ouvert. De plus, quelle merveilleuse propriété la poudre de crâne humain peut-elle avoir pour guérir promptement les ulceres les plus envieillis, cela semble même contraire à la bonne raison, & aux principes de la médecine, qui disent que les contraires se doivent guérir par leurs contraires; cependant cet Auteur, approuvé & privilégié, veut que la poudre de crâne, qui n'est que corruption, guérisse une autre corruption,

& sur la foi de cet Auteur, un Président de Paris, c'est-à-dire un homme d'esprit & de bon jugement, fait l'épreuve de ces secrets, avec un heureux succès, sans crainte de passer pour un superstitieux.

Ce même Auteur, approuvé & privilégié, dit que pour dénouer l'aiguillette, il faut que la personne porte dans un petit sachet pendu à son cou trois sortes d'herbes, de l'A1kermès, de l'Armoise & du Gui de Chêne; l'A1kermès, cueilli le 23 septembre, l'Armoise & le Gui de Chêne, cueillis le 24 juin, avant le Soleil levé...

Item, que pour guérir le mal des yeux, il faut brûler sur les charbons la dépouille d'un serpent, & en recevoir la fumée dans les yeux; cela approche de la guérison merveilleuse de l'Aveugle de l'Evangile, à qui le Sauveur mit de la boue sur les yeux, pour lui faire recouvrer la vue... *Item*, Que la graine ou semence d'ortie, mise dans la marmite, empêche de bouillir, & la viande de cuire, à tel feu que vous la puissiez exposer. *Item*, pour se garantir des mauvaises rencontres dans les voïages, il faut, dit cet

Auteur, mettre la langue d'une Couleuvre dans le fourreau de l'épée. *Item*, pour empêcher une Arquebuse de tirer droit; il faut la frotter avec du jus d'oignon par le bout. Il y a dans ce Livre approuvé un fort grand nombre d'autres secrets, qui ne sont point autorisés par la raison; & néanmoins les Sages ne les taxent point de superstition, les rapportant à des causes occultes & inconnues. Comme ce que dit Pline, que pour empêcher les Scorpions d'entrer dans les maisons, particulièrement dans les païs & climats où ces insectes sont en quantité, il faut que l'on ait soin de suspendre au-dessus de la porte, en dedans de la maison, un petit sachet dans lequel il y ait des noisettes; ce Naturaliste raisonne dans ce secret sur l'antipathie qui est entre ces Serpens & le coudrier, dont la noisette est le fruit; le Raifort a pareillement une si grande antipathie avec les Scorpions, qu'en les posant dessus, ils en meurent.

Le même Pline raconte, que pour empêcher les vignes d'être endommagées par grêles ou frimats, il faut que deux jeunes hommes prennent un coq, & se postant proche des vignes, ils empoigneront le coq chacun par une jambe & une aîle, & tireront à toute force l'un contre l'autre, ils le mettront en pièces; puis ils feront le tour des vignes en se tournant le dos l'un à l'autre; & les aspergeant d'espace en espace avec le sang du coq, & à l'endroit où ils se rencontreront faisant le tour, ils enterreront les pieces du coq déchiré; & cela vaut contre les grêles, les tempêtes, & empêche aussi les bêtes de venir en la vigne. Quelques autres prétendent qu'en brûlant ou rôtissant le foie du Caméléon sur un feu de charbon, dans un champ ou vigne, ce parfum conjure & dissipe la grêle & la tempête.

Je me suis laissé dire par de bonnes gens de la campagne, qu'ils avoient plusieurs fois conjuré & éloigné la grêle & la tempête, en présentant un miroir à l'opposite de la nuée. Pareillement, en liant ensemble plusieurs clefs de diverses maisons avec une petite corde, & ranger ces clefs sur terre en forme de cercle. Item. Mettez une tortue à la renverse, en sorte qu'elle ne puisse se relever ni marcher, il est très certain que tant qu'elle sera dans cette posture, la grêle ni la tempête ne tomberont point dans le champ ni dans la vigne : ce sont des épreuves que les Villageois font journellement, ce qu'ils ont appris de leurs Ancêtres par tradition de pere en fils.

Des Mandragores.

Quoique la plupart des Villageois vivent dans l'ignorance & dans une espece de stupidité grossière, néanmoins ils ont de certaines connoissances & pratiques qui donnent de l'admiration par les effets qui en sont produits. Je me souviens d'avoir logé chez un riche Païsan, qui avoit été autrefois fort pauvre & misérable, si bien qu'il étoit contraint de travailler à la journée pour les autres; & comme je l'avois connu dans le tems de sa misere, je pris occasion de lui demander ce qu'il avoit fait pour devenir riche en si peu de temps. Il me dit qu'aïant empêché qu'une

Bohémienne ne fût battue & mal menée,
pour avoir dérobé quelques poulets, elle
lui avoit appris le secret de faire une Mandragore, & que depuis ce tems-là, il avoit
toujours prospéré de bien en mieux, &
qu'il ne se passoit guere de jour qu'il ne
trouvât quelque chose; & voici de quelle
maniere la Bohémienne lui avoit enseigné
de faire la Mandragore dont je donne la
figure gravée. Il faut prendre une racine
de bryonia, qui approche de la figure humaine; on la sortira de terre un lundi dans
le Printems, lorsque la Lune est dans une
heureuse constellation, soit en conjonction avec Jupiter, en aspect aimable avec
Vénus; l'on coupe les extrémités de cette
racine, comme font les Jardiniers lorsqu'ils
veulent transplanter une plante, puis on
doit l'enterrer dans un cimetiere au milieu
de la fosse d'un homme mort, & l'arroser
avant le Soleil levé durant un mois, avec
du petit lait de vache, dans lequel on aura
noyé trois chauve-souris, au bout de ce
tems on la retire de terre, & on la trouve
plus ressemblante à la figure humaine; on

la fait sécher dans un four chauffé avec
de la vervaine, & on la garde enveloppée
dans un morceau de linceul qui ait servi à
envelopper un Mort. Tant que l'on est en
possession de cette mystérieuse racine, on
est heureux, soit à trouver quelque chose
dans le chemin, à gagner dans le jeu du
hasard, soit en trafiquant; si bien que l'on
voit tous les jours augmenter sa chevance.
Voilà de quelle maniere le Païsan me conta
fort naïvement qu'il étoit devenu riche.

Il y a des Mandragores d'une autre
espece, & que l'on prétend être des far-
fadets, lutins, ou esprits familiers, & qui
servent à plusieurs usages; quelques-uns
sont visibles sous la figure d'animaux, &
d'autres invisibles. Je me suis trouvé dans
un Château où il y en avoit un qui depuis
six ans avoit pris soin de gouverner une
horloge & d'étriller les chevaux, il s'ac-
quittoit de ces deux choses avec toute
l'exactitude que l'on pouvoit souhaiter: je
fus curieux un matin de voir ce manege,
mon étonnement fut grand de voir courir l'étrille sur la croupe du cheval, sans

être conduite par aucune main visible; le Palefrenier me dit qu'il s'étoit attiré ce farfadet à son service, en prenant une petite poule noire, qu'il avait saignée dans un grand chemin croisé; & que du sang de la poule, il avoit écrit sur un petit morceau de papier: *Berit fera ma besogne pendant vingt ans, & je le récompenserai*, & qu'aïant enterré la poule à un pied de profondeur, le même jour le farfadet avoit pris soin de l'horloge & des chevaux, & que de tems en tems, il faisoit des trouvailles qui lui valoient quelque chose. C'est un entêtement où plusieurs personnes sont de croire que ce qu'ils appellent Mandragore, leur paie un certain tribut chaque jour, comme d'un écu, d'une pistole, plus ou moins. Je n'ai jamais oui dire cela qu'à des personnes de petit jugement; & tous ceux qui m'en ont parlé avec plus de vraisemblance, ne m'ont dit autre chose, sinon que quand on attire ces sortes de Mandragores à son service, on est heureux au jeu, on trouve dans les chemins de l'argent ou des joïaux, & que quelquefois durant le sommeil on

est inspiré d'aller dans les endroits où l'on doit trouver quelque chose. Je finirai cette matière par le récit d'une Mandragore que j'ai vue à Metz entre les mains d'un riche Juif, c'étoit un petit monstre à peu près semblable à la figure que j'en donne ici gravée; elle n'étoit pas plus grosse que le poing; ce petit monstre n'avoit vécu que cinq semaines, & dans si peu de tems avoit fait la fortune de ce Juif, qui m'avoua que le septieme jour qu'il l'eut, il lui avoit été inspiré la nuit en dormant d'aller dans une vieille masure, où il trouva une somme fort considérable d'argent monnoïé, & beaucoup de bijoux d'orfèvrerie cachés en terre, & que depuis il avoit toujours pros-péré dans les affaires; il m'étonna bien en me disant de quelle manière il avoit eu cette Mandragore. J'ai suivi, me dit-il, ce que le célèbre Avicene a écrit sur ce su-jet, qu'il faut avoir un gros oeuf de poule noire, le percer, en faire sortir un peu de la glaire, c'est-à-dire, environ la grosseur d'une feve; & l'aïant rempli de semence humaine, on bouchera le pertuis bien sub-

tilement, en y coulant un petit morceau de
parchemin humecté, puis on le met couver
au premier jour de la lune de Mars, dans
une heureuse constellation de Mercure &
de Jupiter; & au bout du tems convenable, l'oeuf venant à éclore, il en sort un
petit monstre comme vous le voïez; on le
nourrit dans une chambre secrette avec de
la graine d'aspic & des vers de terre; celui
que vous voïez n'a vécu que l'espace d'un
mois & cinq jours, & pour le conserver
après sa mort, on le met dans un bocal
de verre fort avec de l'esprit de vin bien
bouché.

Explication de deux Talismans.

Les deux Talismans que l'on voit gravés
au-dessous de la Mandragore, ont été
tirés de la Clavicule de Salomon, où on
les voit en original dans le cabinet du duc
de Lithuanie: ils ont été faits par le savant
Robin Isaac Radiel, tous deux sous les auspices de la Planéte Mercure, comme il est
aisé d'en juger par les caractères qui sont

marqués dans le second. Leur propriété
s'étend sur le négoce, sur les voïages & sur
les jeux, leur matière est celle qui convient
à Mercure. Ceux qui voudront s'instruire à
fond de cette science cabalistique des Talismans, peuvent lire avec application les
oeuvres de Paracelse, de Cardan, de Jamblic, de Jean-Baptiste Porta, de Campan-
elle, de Gaffarel, Van-Helmont, Junctin,
Tritheme, Agrippa, Coclenius, Moncejus
& Flud; tous ces Auteurs traitent ces matieres par principes astrologiques, cabalistiques & naturels, d'une manière fort sublime.

De poudre de sympathie pour la guérison des plaies.

Tous ceux qui ont traité de ce merveilleux secret, jusqu'à présent, se sont
efforcés par de grands raisonnemens physiques d'en prouver la réalité; & comme
il est difficile de parler clairement d'une
chose qui est par elle-même extrêmement
obscure & cachée, ce n'est pas merveille

si ces messieurs les physiciens n'ont pas beaucoup converti d'incrédules, ni convaincu de savans par leurs raisonnemens; le Chevalier Digby passe pour un de ceux qui en ont parlé avec plus d'évidence, & cependant il ne s'est pas rendu intelligible pour toutes sortes de personnes, parce qu'il suppose ces principes dont on croit être en droit de lui demander des raisons, aussi-bien que du secret qu'il établit sur ces principes supposés.

Il faut avoir de bon vitriol romain que l'on calcine, ou plutôt que l'on purifie de ses humidités superflues, en l'exposant durant trois ou quatre jours au gros Soleil, étant renfermé dans une fiole de verre bien bouchée. On doit délaïer de ce vitriol dans un petit bassin d'eau de pluie, filtrée au feu, environ une once pour une pinte d'eau; & si c'est en été que l'on veut opérer quelque guérison, on n'approchera point cette eau du feu, parce qu'il faut qu'elle ne soit ni froide, ni chaude, mais dans un juste tempérament entre le froid & le chaud; puis on fera tremper dans cette compo-

sition vitriolique un linge imbibé du sang
sorti de la plaie que l'on veut guérir, & on
le retirera étant bien mouillé.

Si le malade est éloigné du lieu où se
fait l'opération, en sorte qu'après ce premier linge imbibé de son sang, on n'eu
puisse pas avoir commodément d'autre,
on se contentera de tremper le même linge de douze heures en douze heures dans
l'eau vitriolée, & de tenir ce linge dans un
lieu tempéré. Ce qui est en cela admirable,
est que toutes les fois que l'on trempera
le linge, le malade ressentira à sa plaie un
soulagement pareil à celui que donne un
habile chirurgien, quand il panse de nouveau une plaie; & le malade sera guéri en
fort peu de tems, par la vertu inestimable
du vitriol, dont nous aurons occasion de
parler ailleurs.

Pour faire l'or artificiellement.

Ce n'est pas seulement en creusant &
fouillant dans les entrailles de la terre
que l'on trouve l'or. L'art peut bien imi-

ter la nature en ce point, puisqu'il la per-
fectionne en bien d'autres choses. Je dirai
donc ici ce qui a été éprouvé une infinité
de fois, & qui est devenu fort commun
entre ceux qui travaillent au grand oeuvre.
Vous aurez donc un grand creuset qui soit
à l'épreuve du plus violent feu; & l'aïant
mis sur un fourneau bien ardent, vous
mettrez au fond dudit creuset de la poudre
de colophane, de l'épaisseur du petit doigt,
& vous saupoudrerez sur cette colophane
l'épaisseur d'un doigt de fine poudre de limaille de fer, vous couvrirez cette limaille
d'un peu de soufre rouge, vous pousserez
le feu du fourneau, jusqu'à faire fondre
la limaille de fer; puis vous y jetterez du
borax dont usent les Orfevres pour fondre l'or; vous y jetterez pareille quantité
d'arsenic rouge, & autant pesant d'argent
qu'on y a mis de limaille de fer, & laisserez
cuire cette composition en poussant le feu
du fourneau, & prenez garde de respirer la
vapeur du creuset à cause de l'arsenic. Vous
aurez un autre creuset, dans lequel vous
verserez par inclination la matiere recuite,

que vous aurez auparavant bien mêlangée avec une spatule de fer, & vous ferez en sorte qu'elle coule dans ce second creuset, purifiée & sans ordures; par le moïen de l'eau de séparation, l'or se précipitera au fond; & quand vous l'aurez recueilli, vous le ferez fondre dans un creuset, & vous aurez de bel or qui vous dédommagera de vos peines & dépenses. J'ai tiré ce secret d'un livre qui a pour titre, *le Cabinet Hermétique*; & la facilité avec laquelle on y peut réussir m'a invité à en faire plusieurs fois l'expérience, d'autant plus volontiers, que je l'ai trouvée conforme dans son exécution, à ce que dit le très savant Basile Valentin, que l'épreuve du grand oeuvre des Philosophes se peut faire en moins de trois ou quatre jours, que la dépense ne doit pas excéder la somme de trois ou quatre florins, & que trois ou quatre vaisseaux de terre peuvent suffire.

Autre sur le même sujet.

En voici d'une autre manière que nous a laissé Caravana, Espagnol des colonies d'Amérique. Vous prendrez du soufre vif, du sel nitre, du salpêtre, de chacun même quantité, c'est-à-dire environ quatre onces de chacun; le tout étant bien pulvérisé, sera mis dans une boce ou grande cornue de verre fort bien lutée, & garnie de terre grasse; on la mettra auprès d'un feu lent, l'espace de deux heures, puis augmentez le feu jusqu'à ce qu'il ne fasse aucune fumée, après la fumée sortira une flamme hors du cou de la boce le long des côtés; & cette flamme étant cessée, on verra le soufre précipité au fond, de couleur blanchâtre & fixe, on le tirera; & y joignant autant de sel ammoniac, on pilera & pulvérisera le tout ensemble bien subtilement, & on le fera sublimer en commençant par un feu lent, & augmentant toujours peu à peu, jusqu'à ce qu'il monte l'espace de quatre heures; puis on retirera du vase tout ce qui sera

sublimé, aussi-bien que les lies qui se trouveront au fond; vous incorporerez le tout
ensemble & sublimerez derechef, continuant cette manière de sublimation jusqu'à
six fois; après quoi le soufre étant au fond
du vase, sera recueilli & pilé sur un marbre
en lieu humide, & il se convertira en huile,
de laquelle vous mettrez six gouttes sur
un ducat d'or fondu au creuset, & se fera
une huile qui, étant mise sur un marbre
se congèlera; & si vous mettez une partie
de cette huile sur cinquante de Mercure
préparé & purgé, vous aurez un Soleil très
excellent.

Autre sur le même sujet, éprouvé en
Angleterre par Raymond Lule, en
présence des Principaux de la Cour.

Comme ainsi soit que les véritables
opérateurs du grand Art philosophique soient unanimement d'accord, que
la Lune, c'est-à-dire, l'argent est par soi, &
quant à sa substance, le vrai Soleil, c'est-
à-dire, l'or, & qu'il ne lui faut autre chose

qu'une parfaite coction. Pour donc parvenir à cette parfaite coction, on y procédera
en cette maniere, pour en faire seulement
l'épreuve, vous préparerez une cendre,
composée de bois de sarment, d'os de
chevaux ou de boeuf, bien brûlés & cal-
cinés, jusqu'à ce qu'ils soient bien blancs;
vous pulvériserez cette cendre, & la mettrez dans un vaisseau de terre vernissée, que
vous remplirez d'eau de forge, & y ajouterez autant de bonne chaux vive qu'il y
aura de cendre; vous ferez bouillir le tout
ensemble, jusqu'à réduction de la moitié
de l'eau; & pour lors vous y mettrez quatre
onces de bon argent fin, que vous aurez
battu en petites lames, environ l'épaisseur
d'un sol; vous ferez douze lames de votre
argent & les jetterez dans le vase avec
votre cendre en décoction, & continuerez de faire bouillir jusqu'à réduction de
moitié cette moitié d'eau qui restoit; puis
vous retirerez vos douze lames d'argent,
que vous essuierez proprement avec un
linge blanc, & laisserez reposer la composition qui est dans le vase; & il se formera

sur la superficie une espece de sel, en
forme de cristal, qu'il faudra recueillir avec
une spatule d'étaim, & vous verserez un
peu d'autre eau de forge dans le vase, &
le ferez derechef bouillir, puis refroidir,
pour en ôter encore le sel qui se formera
sur la superficie; & continuerez ces ébul-
litions, jusqu'à ce que votre composition
ne rende presque plus de sel; ajoutez à ce
sel philosophique quatre fois autant d'un
autre sel que l'on appelle sel végétal, qui
est composé de soufre, de salpêtre & de
tartre, en la maniere que les bons Artistes
le savent faire, on en trouve chez les bons
apothicaires. Outre cela, vous prendrez
quatre fois autant de bon ciment de tuiles
des plus rouges que vous pourrez trouver;
vous les réduirez en poudre fine, & vous
battrez autant de petites lames d'or de
ducats, que vous aurez préparé de lames
d'argent, l'un & l'autre en même poids,
vous aurez le meilleur creuset que vous
pourrez, & dans le fond vous ferez un lit
des poudres que vous aurez préparées de
vos sels, de votre ciment. de terre rouge,

avec un peu de borax dont se servent les
Orfèvres; sur le premier, vous mettrez
une lame d'or, que vous couvrirez d'un
second lit de vos sels & ciment, puis vous
ï mettrez une seconde lame d'or, & ferez
ainsi jusqu'à la douzieme, qui sera pareillement couverte comme les autres, puis
vous mettrez le creuset couvert & luté
de terre grasse au fourneau ardent, tant
de tems que vous puissiez présumer que
votre or sera fondu & précipité au fond
du creuset. Ce qu'étant achevé, vous aurez
un autre vaisseau en forme de cornue où
il ï ait une ouverture que l'on puisse ouvrir
& boucher quand l'on voudra, lorsqu'il
sera au fourneau; vous mettrez votre or
dans ce vaisseau, avec un peu de borax pour
le refondre, & quand vous aurez raison de
croire que l'or est fondu, vous jetterez par
l'ouverture du vaisseau une de vos lames
d'argent préparé, afin que l'or le dévore
& s'en nourrisse. Vous continuerez, & de
douze heures en douze heures, de jetterez
une lame d'argent dans le vaisseau jusqu'à
la dernière, aïant grand soin d'entretenir

le feu dans un même équilibre, en sorte que la matiere puisse toujours être fondue; quand vos douze lames d'argent seront dévorées, vous pourrez laisser éteindre votre feu & refroidir le vaisseau, dans lequel vous trouverez presque au double d'or que vous ï aviez mis; & ce vous sera un très bonne menstrue pour augmenter l'or, en suivant exactement la méthode que je viens de donner. On le peut multiplier jusqu'à un million de parties.

Autre, sur le même sujet.

Si le grand nom d'Aristée n'étoit pas devenu célèbre chez les Artistes du grand oeuvre, on auroit peine à croire ce qu'il dit dans cet écrit qu'il adresse à son fils, pour son instruction dans l'entreprise du grand oeuvre philosophique; on découvre à travers les obscurités de cet écrit, qu'Aristée a eu la pensée que la pierre mystérieuse des philosophes se doive faire avec l'air condensé & rendu palpable artistement: voici donc de quelle manière il instruit son fils sur ce grand sujet.

Mon fils, après t'avoir donné la connoissance de toutes choses, & t'avoir appris comment tu devois vivre, & de quelle manière tu devois régler ta conduite par les maximes d'une excellente Philosophie; après t'avoir instruit aussi de ce qui regarde l'ordre & la nature de la Monarchie de l'Univers, il ne me reste autre chose à te communiquer que les clefs de la nature, que j'ai jusqu'ici conservées avec un très grand soin. Entre toutes ces clefs, celle qui tient le lieu fermé aux plus sublimes génies doit tenir le premier rang: elle est la source générale de toutes choses, & on ne doute point que Dieu ne lui ait particulièrement donné une propriété toute divine.

Lorsqu'on est en possession de cette clef, les richesses deviennent misérables, d'autant qu'il n'y a point de trésor qui puisse lui être comparé. En effet, de quoi servent les richesses, lorsqu'on est sujet à être affligé des infirmités humaines? A quoi sont bon les trésors, lorsqu'on se voit

terrassé par la mort? Il n'y a point de ri-
chesse qu'il ne faille abandonner lorsque
la mort se saisit de nous. Il n'en est pas
de même quand je possede cette clef; car
pour lors je vois la mort loin de moi, &
je suis assuré que j'ai en mon pouvoir un
secret, qui m'ôte toute l'appréhension des
misères de cette vie. J'ai des richesses à
commandement, & je ne manque point de
trésors; la langueur fuit devant moi, & je
retarde les approches de la mort, lorsque
je possède la clef dorée du grand oeuvre.

C'est de cette clef, mon fils, que je veux
te faire mon héritier; mais je te conjure,
par le nom de Dieu & par le lieu saint
qu'il habite, de la tenir enfermée dans le
cabinet de ton coeur & sous le sceau du
silence; si tu sais t'en servir, elle te com-
blera de biens, & lorsque tu seras vieux
ou malade, elle te rajeunira, te soulagera
& te guérira; car elle a la vertu particuliere
de guérir toutes les maladies, d'illustrer les
métaux, & de rendre heureux ceux qui la
possedent. C'est une clef que nos peres
nous ont fort recommandée sous le lien

du serment. Apprends donc à la connoître, & ne cesse point de faire du bien aux
pauvre, à la veuve & à l'orphelin, & que
c'en soit-là le sceau & le véritable carac-
tere.

Sachez donc que tous les êtres qui sont
sous le Ciel divisés en especes différentes,
tirent leur origine d'un même principe, &
que c'est à l'air qu'ils doivent tous leur naissance comme à leur principe commun. La
nourriture de chaque chose fait voir quel
est son principe, puisque ce qui soutient la
vie est cela même qui donne l'être. Le poisson jouit de l'eau, & l'enfant tette sa mere.
L'arbre ne produit aucun fruit, lorsque
son tronc n'a plus d'humidité. On connoît
par la vie le principe des choses; la vie des
choses est l'air, & par conséquent l'air est
leur principe. C'est pour cela que l'air cor-
rompt toutes choses, & que comme il leur
donne la vie, il la leur ôte aussi de même.
Le bois, le fer, les pierres prennent fin par
le feu, & le feu ne peut subsister que par
l'air. Mais telle qu'est la cause de la corruption, telle l'est aussi de la génération.

Quand, par diverses corruptions, il arrive enfin que les créatures souffrent, soit par le tems ou par le défaut du sort, l'air survenant à leur secours, les guérit, soit qu'elles soient imparfaites ou languissantes. La terre, l'arbre & l'herbe languissent par l'ardeur de trop de sécheresse, mais toutes choses sont réparées par la rosée de l'air. Comme néanmoins nulle créature ne peut être réparée & rétablie qu'en sa propre nature, l'air étant la fontaine & la source originelle de toutes choses, il en est pareillement la source universelle. On voit manifestement que la semence, la mort, la maladie & le remede de toutes choses sont dans l'air.

La nature y a mis tous ses trésors en ï mettant les principes de génération & de corruption de toutes choses, & les y tient renfermées comme sous des portes particulières & secrètes; mais c'est véritablement posséder la clef dorée de ces portes, que de savoir ouvrir assez heureusement, pour puiser l'air précipitant de l'air même, car si l'on ignore comment il faut puiser cet air, il est impossible d'acquérir ce qui guérit généralement toutes les maladies, & qui redonne ou conserve la vie aux hommes.

Si tu desires donc, ô mon fils, de chasser toutes tes infirmités, il faut que tu en cherches le moïen dans la source primitive & universelle. La nature ne produit de semblable que par le semblable, & il n'y a que ce qui est semblable ou de conforme à la nature, qui peut faire du bien à la nature. Apprends donc, mon fils, à prendre l'air, apprenez à conserver la clé de la nature. C'est véritablement un secret qui passe la portée de l'esprit de l'homme vulgaire, mais non pas sage; savoir tirer l'air de l'air, l'aréance cééleste, les créatures peuvent bien connoître l'air; mais pour prendre l'air, il faut avoir la clef secrette de la nature.

C'est un grand secret de comprendre la vertu que la nature a imprimée aux choses. Car les natures se prennent par des natures semblables; un poisson se prend avec un poisson; un oiseau avec un oiseau; l'air se prend avec un autre air, comme avec une douce amorce. La neige & la glace sont un air que le froid a congelé; la nature leur a donné la disposition qu'il faut pour prendre l'air.

Tu mettras donc l'une de ces deux choses dans un vaisseau de terre ou de métal qui soit bien fermé, bien bouché, & tu prendras l'air qui se congele à l'entour de ce vase durant un tems chaud; recevant ce qui distille dans un vaisseau profond & bien étroit par le col épais, fort & net, afin que tu puisses faire comme il te plaira, ou les raïons du Soleil ou de la Lune, c'est-à-dire, l'or & l'argent. Lorsque tu en auras rempli un vase, bouche-le bien, de peur que cette céleste étincelle qui s'y est concentrée ne s'envole dans l'air. Emplis de liqueur autant de vases que tu voudras; écoute ensuite ce que tu dois en faire, & garde le silence.

Bâtis un fourneau, places-y un petit vase, moitié plein de l'air liquide que tu auras recueilli, scelle & lute ledit vase exactement. Allume ensuite ton feu, en sorte que la plus légere partie de la fumée monte souvent en haut; que la nature fasse ce que fait continuellement le feu central au milieu de la terre, où il agite les vapeurs de l'air par une circulation qui ne cesse jamais. Il faut que ce feu soit léger, doux & humide, semblable à celui d'un oiseau qui couve ses oeufs. Tu dois continuer le feu de cette sorte, & l'entretenir en cet état, afin qu'il ne brûle pas, mais plutôt qu'il cuise ses fruits aériens, jusqu'à ce qu'après avoir été agité d'un mouvement, pendant un long tems, il demeure entièrement cuit au fond du vaisseau.

Tu ajouteras ensuite à cet air cuit un nouvel air, non en grande quantité, mais autant qu'il en faut, c'est-à-dire un peu moins que la premiere fois; continuerez ainsi, jusqu'à ce qu'il ne reste qu'un demi bocal d'air liquide qui n'ait point été cuit. Faites en sorte que ce qui a été cuit se liquéfie doucement par fermentation au fumier chaud, qu'il noircisse, qu'il s'endurcisse, qu'il s'unisse, qu'il se fixe & qu'il rougisse. Ensuite, la partie pure étant séparée de l'impure par le moïen du feu légitime, & par un artifice tout divin, tu prendras une partie pure d'air crû que mêleras avec la partie pure qui a été durcie; tu auras soin que le tout se dissolve & s'unisse, qu'il devienne médiocrement noir, puis blanc, & enfin parfaitement rouge. C'est ici la fin de l'oeuvre, & tu auras fait élixir qui produit toutes les merveilles que nos sages devanciers ont eu raison de tant estimer, & tu posséderas par ce moïen la clef dorée du plus inestimable secret de la nature, le vrai or potable & la médecine universelle; je t'en laisse un petit échantillon dont la bonté te sera prouvée par la parfaite santé dont je jouis, étant âgé de plus de cent huit ans; travaille, & tu seras aussi heureux que je l'ai été, ainsi que je le souhaite au nom & par la puissance du grand Architecte de l'Univers.

Ceux d'entre les habiles Artistes du grand oeuvre, qui ont fait de solides réflexions sur ces principes donnés au fils d'Aristée, croient que l'on ne travailleroit pas en vain, si on faisoit un mêlange avec le véritable baume de Mercure, & voici de quelle maniere ils prétendent que l'on doit s'y doit prendre pour faire ce baume. Vous prendrez une livre du meilleur Mercure que vous pourrez avoir, vous le purgerez trois fois par la peau, & une fois par le tartre de Montpellier calciné, vous le mettrez dans une cornue de verre fort qui soit à l'épreuve du gros feu; vous y joindrez du vitriol, du sel nitre, de l'alun de roche, & huit onces de bon esprit de vin; & la cornue étant lutée hermétiquement, en sorte que rien ne se puisse évaporer, vous la mettrez en digestion dans le fumier chaud durant quinze jours; & au bout de ce tems, l'on trouve cette composition transformée en graisse morveuse: il la faut exposer au feu de sable & pousser peu à peu le feu violemment, jusqu'à ce qu'il en sorte une humeur blanche comme lait, qui tombe dans le récipient; puis la remettre dans la cornue pour la rectifier, afin d'en consommer le flegme. Cette seconde distillation fait sortir une huile blanche suave, & n'a aucune corrosion, laquelle surpasse en excellence toutes les autres huiles métalliques; & il est sans doute, car si on la joint avec l'élixir d'Aristée, on opérera toutes les merveilles que l'on peut espérer d'un si beau travail.

Je ne sais si je dois avancer ici quelque chose sur la foi d'un Arabe qui a écrit sur ces sortes de matieres. Il assure que ces deux élixirs étant joints ensemble, avec pareille pesanteur du plus fin or de vie ou précipité d'or, on en fait immanquablement la pierre des Philosophes; il prétend que cette opération se doit faire dans une fiole de verre fort au feu de sable, & que la calcination qui reste au fond de la fiole peut multiplier jusqu'à cent mille parties, & qu'elle est à toute épreuve.

Pour faire l'or de vie ou précipité d'or.

Prenez deux onces de vif-argent, purgé & nettoïé par le sel & vinaigre, joignez-le à une dragme d'or fin oriental mis en poudre, & pêtrissez bien ces deux mat-

ieres dans un plat de terre vernissé qui soit
un peu chaud jusqu'à ce qu'elles soient bien
mêlées : cette mixtion s'appelle communément amalgame; versez cette amalgame en
eau froide; s'il reste quelque peu d'argent
vif qui ne soit pas incorporé avec l'or, il
faut le passer au sac de cuir pour le purifier, & pour le rejoindre à votre amalgame,
que vous laverez avec sel & vinaigre dis-
tillés jusqu'à ce qu'il n'en paroisse aucune
ordure; que, s'il arrive que l'argent vif se
diminue par les mouvemens des mixtions
& purifications que l'on en fait, il le faut ré-
parer, en sorte que pour une dragme d'or
il y ait huit dragmes de fin argent. Ensuite
vous mettrez l'amalgame dans un alambic de verre fort qui soit bien luté & bien
bouché avec de la terre grasse, & y verser
dessus deux onces d'eau forte, & y faire
distiller cette composition au feu de sable,
puis vous remettrez dans l'alambic ce qui
sera tombé dans le récipient : continuez
cela jusqu'à cinq fois, après quoi vous
trouverez au fond de l'alambic une poudre que vous mettrez dans un vaisseau de

terre qui souffre le feu violent; vous arroserez cette poudre avec de bonne eau rose;
& aïant si bien bouché le vaisseau que rien
ne puisse s'évaporer, vous le mettrez au
fourneau & pousserez le feu tant que le
vaisseau en devienne rouge, & le laisserez
refroidir dans le même fourneau, & votre
or précipité sera fait.

Il a la propriété de guérir de la peste,
de la vérole, de la ladrerie, de l'hydropi-
siè, & autres maladies difficiles à guérir : il
est souverain contre les opilations, contre
les obstructions de foie, il est profitable à
ceux qui ont bu du venin ou mangé des
viandes empoisonnées; on s'en sert pour
guérir les mauvais ulcères, les érésipelles
envenimées, soit en le prenant dans quelque liqueur, soit en le mêlangeant avec
l'onguent des emplâtres; il n'en faut donner que le poids d'un denier, délaïé dans
deux cuillerées de bon sirop de capilaire
pour les femmes & les jeunes gens, & le
poids d'un denier, délaïé dans un demi
verre de bon vin vieux pour les personnes
âgées.

Pour dissoudre l'or avec
une grande facilité.

J'ai appris d'un Moine, excellent Chi-
miste, & en la capacité duquel une
Reine de France avait tant de créance, que
les ordonnances de ses Médecins n'étoient
point exécutées, si ce Moine ne les auto-
risoit par son approbation: j'ai, dis-je, appris de ce Moine, que le sang du Cerf est
un prompt distolvant de l'or. En voici
la recepte, vous prendrez deux livres de
sang d'un Cerf fraîchement tué, vous le
distillerez au bain marie par cohobation
jusqu'à cinq fois, en remettant toujours
la distillation fur le marc qui reste dans
l'alambic, & à la cinquieme fois vous la
garderez dans une phiole de verre fort, &
cette quintessence est un si bon & si facile dissolvant de l'or, que vous en pourrez
faire l'epreuve fur votre main sans en être
endommagé.

Autre sur le même sujet
plus surprenant.

Prenez deux onces de salpêtre, une demie once de soufre, une demie once
de sciure de bois de noïer bien sec; vous
réduirez tout cela en poudre impalpable,
& de cette poudre vous emplirez une
grande coquille de noix, tant qu'elle pourra en contenir; & sur cette poudre vous
mettrez une petite lame fine d'or que vous
poserez dans toute la circonférence sur la
poudre, & vous couvrirez ladite lame de
la même poudre, environ de l'épaisseur
d'un travers de doigt; & vous verrez par
expérience que la lame fondra au fond de
la coquille, sans que cette coquille en soit
brûlée : cette expérience se fait en la même
maniere pour les autres métaux.

Pour changer le Plomb en Or fin.

Il y a bien des gens qui rejettent comme
incertaine la méthode que le savant Chi-
miste Falopius a laissée dans cet état pour

changer le plomb en or fin, parce qu'elle paroît trop facile pour une oeuvre de cette importance : cependant il n'est pas le seul entre les Philosophes adoptés qui en ont parlé en termes équivalens; Basile, Valentin & Odomarus disent à ce sujet presque la même chose que Fallopius. Quoi qu'il en soit, voici de quelle maniere il dit qu'il faut s'y comporter. Vous ferez infuser une livre de couperose de Cypre, dans une livre d'eau de forge, que vous aurez bien clarifiée par filtration; l'infusion doit être de 24 heures, en telle sorte que la couperose soit entièrement liquéfiée & incorporée avec l'eau; puis vous la distillerez par filtration avec des morceaux de feutre bien net, & après par l'alambic au feu de sable, & vous conserverez cette distillation dans un bocal de verre fort, bien bouché, puis vous mettrez une once de bon vif argent purifié dans le creuset que vous couvrirez pour empêcher l'évaporation, & quand vous pourrez présumer qu'il commencera à bouillir, vous y joindrez une once de feuilles fines de bon or, & vous retirerez aussi tôt le creuset du feu; ce qu'étant fait, prenez une livre de plomb fin & très purifié en la manière que nous dirons ci-après; lequel plomb étant fondu, vous y incorporerez la composition d'or & de vif-argent que vous aurez préparées, & vous mêlangerez bien ces trois choses ensemble sur le feu avec une broche de fer; & quand tout sera bien mêlangé, ajoutez-y une once de votre eau de couperose, & laissez digérer le tout ensemble sur votre feu, pendant un petit espace de tems, & quand la composition sera refroidie, vous trouverez que ce sera de bon or. Remarquez que le plomb se prépare & purifie en cette maniere. Pour en avoir une livre de purifié, il en faut mettre à la cuillerée, quatre onces au-dessus de la livre pour suppléer aux scories & à l'évaporation, puis l'aïant fondu pour la premiere fois, on le fait éteindre dans de bon & fort vinaigre clarifié, on le fond derechef, & on le fait éteindre dans du jus ou suc de chelidoine; on continue de le fondre, & on l'éteint en eau salée; enfin on le fond pour la derni-

ere fois, & on l'éteint dans du fort vinaigre, dans lequel on aura éteint de la chaux
vive, & il sera bien purifié.

Pour donner à l'étain le son
& la dureté de l'argent,
sans qu'il soit friable.

Ayez deux livres d'étain fin de Cor-
nouailles, & une livre de plomb purgé & affiné, comme je l'ai expliqué ci-devant. Vous mettrez votre étaim dans une
cornue qui puisse endurer le feu violent;
il faut que l'étaim soit haché en limaille, &
vous y joindrez quatre onces d'argent vif,
dans le tems qu'il commencera à bouillir dans la cornue, & un moment après
vous le retirerez de dessus le feu, & vous
mettrez dans la cornue la livre de plomb
affiné, haché pareillement en limaille; puis
vous ajusterez la cornue de sorte que vous
puissiez, sans craindre l'évaporation subite du vif argent, le faire bouillir au feu
de raréfaction, jusqu'à ce que vous voïez
que le vif argent saillisse par le col de la

cornue goutte à goutte, & se consomme
entièrement; vous trouverez au fond de la
cornue votre étain transmué, vous le ferez
fondre jusqu'à trois fois avec une bonne
once de bonne huile de lin à chaque fois;
puis la derniere fois, vous le jetterez tout
fondu dans une bonne lessive bouillante
de gravelée, & vous le trouverez au fond
du chaudron en grenailles; vous le fondrez encore une fois avec l'huile, & le coulerez dans quelque vaisseau de terre neuve,
ou vous en formerez un lingot ou autre
en telle forme qu'il vous plaira; & après
toutes ces fontes réitérées, de trois livres
& un quart de matiere que vous aviez
au commencement, il vous en restera au
moins deux livres & demie d'un métal qui
pourra passer pour de bon argent, en aïant
la fermeté & le son.

Pour faire le Borax propre à fondre l'or.

Attendu que le Borax est une drogue
extrêmement nécessaire pour les
opérations chimiques de l'or & de l'argent,

je crois qu'il ne sera pas hors de propos de donner ici la maniere d'en faire qui soit de bon usage & ne soit pas d'un grand prix pour épargner la dépense. Les Anciens confondoient le Borax avec le Crysocole; & il y en avoit de naturel & d'artificiel, dont la propriété est de résoudre promptement sur le feu un corps métallique & de rassembler en un corps les parties divisées de l'or & de l'argent; bref, il sert en toute oeuvre où l'on a besoin d'une prompte & subite infusion. Le Borax véritable & naturel, s'il est vrai qu'il y en ait, vient ordinairement d'Alexandrie; & si on se rapporte aux écrits des anciens Chimistes, il est toujours venu de cette contrée, & c'est de-là qu'il tire son nom de Nitre Alexandrin. Il est pourtant vraisemblable qu'on l'apporte des Indes à Alexandrie : j'ai vu une relation qui explique de cette sorte la maniere dont usent les Indiens pour le tirer des mines, & pour le conserver & le mettre en état d'être transporté où l'on veut. On trouve dans les minieres d'où l'on tire l'or & l'argent, une espece d'eau

bourbeuse, on la recueille avec la fange
sur laquelle on la trouve; on la met bouillir
durant un certain tems, puis on la coule
à l'étamine ou en un linge, & on la laisse
refroidir, & elle se congele & devient
en petites pierres comme le sel nitre; &
comme l'expérience a fait connoître qu'en
gardant ainsi ces pierrettes longtems, elles
se détruisent & se résolvent en poussiere; c'est pourquoi afin d'empêcher que
cela arrive, on les confit, pour ainsi dire,
& on les nourrit dans la graisse de porc
ou de chevre, avec la même fange d'où
on a tiré l'eau dont elles sont formées; &
voici comment on paîtrit cette fange avec
de la graisse, & on en fait une pâte; puis
aïant fait un creux en terre, proportionné
à la quantité que l'on en peut conserver,
on fait premièrement un lit de cette pâte,
& on le couvre de ces pierres de borax;
puis on fait sur elles un second lit de ladite
pâte que l'on couvre pareillement de ces
pierres, & ainsi consécutivement jusqu'à
ce qu'on ait tout emploïé de petites pierres
à remplir le creux, & enfin on en couvre la

superficie avec un dernier lit de la pâte, &
on couvre le lit avec des planches en bois,
avec de la terre par-dessus, & on le laisse
ainsi durant quelques mois, & quand on le
veut transporter, on le met pêle-mêle avec
la pâte dans de petits barrils, & c'est pourquoi il est gras & onctueux. Les femmes
qui savent distiller bien à point cette pâte
grasse, en font un merveilleux fard pour
embellir le visage & adoucir la peau.

Voici de quelle maniere on peut faire
avec facilité le Borax artificiel, qui a la
même propriété que le naturel, & même
quelques-uns le trouvent meilleur. On
prendra de cette pâte mêlée de pierrettes
qui ne soient point moisies, & on en dé-
laiera dix livres dans douze pintes d'eau
bouillante avec deux livres d'huile d'olive :
on aura soin de bien écumer cette mixtion,
& on la laissera bouillir jusqu'à ce que tout
soit bien cuit, & on connoîtra à cela, que
si on en met sur un morceau de bois poli,
il y demeurera en consistance comme un
sirop épais ; pour lors on l'ôte de dessus le
feu, & on coule cette mixtion à travers un

linge clair, on met en réserve les pierrettes que l'on couvre & bouche bien exactement; puis on la met en digestion durant dix jours dans du fumier de cheval:
au bout de quelque tems on découvre le
vaisseau & on ôte une petite croûte que
l'on trouve sut la surface, que l'on mettra
de côté; puis le reste de sa matiere sera
comme de petites glaces qu'il faudra laver
avec de l'eau fraîche, & les mettre sécher
sur une table à l'ombre; puis on le mêlera
avec les petites pierres que l'on aura mises
en réserve en faisant la coulaison; ensuite
vous prenez trois livres de tartre de lie de
vin blanc calcinée, & les délairez dans un
grand chaudron avec trente pots d'eau de
forge bien clarifiée; ajoutez-y huit onces de
sel nitre & une once de présure de lierre,
vous y mettrez vos pierrettes & vos glaces
séchées, & vous ferez bouillir le tout ensemble comme vous avez fait ci-devant;
& quand la composition sera diminuée de
tiers, vous y mettrez la croûte que vous
aurez ôtée de dessus la surface du vaisseau
de terre; & vous continuerez de le faire

bouillir jusqu'à ce que, par la même épreuve que ci-devant, vous connoissiez que le
tout soit bien cuit; puis vous garnirez un
petit tonneau de plusieurs bâtons en croix
d'espace en espace, en sorte que les pre-
miers bâtons que vous mettrez au fond en
soient éloignés de quatre doigts de hauteur, pour donner lieu aux ordures qui s'y
précipitent; cela étant ainsi disposé, vous
fermerez bien le tonneau & l'enfouirez
dans du fumier chaud l'espace de quinze
jours, pour donner lieu au borax de s'at-
tacher & se congeler autour des bâtons;
& par cette maniere vous l'aurez multiplié
de plus de quatre fois autant, & l'épreuve
vous fera voir qu'il est aussi bon que celui
qu'on a apporté des Païs étrangers.

Pour contrefaire les véritables Perles d'Orient, de telle grosseur que l'on voudra qu'elles soient.

Vous prendrez quatre onces des plus
belles & plus blanches semences
des perles que vous pourrez trouver: les

plus grosses sont les meilleures; vous les
concasserez, & les ferez dissoudre en
eau d'alun la plus pure & la plus nette,
puis vous les pêtrirez l'espace d'un quart
d'heure avec une spatule d'ivoire, & quand
la pâte sera en consistance, vous la laverez
doucement avec de l'eau de pluie distillée,
puis aïant fait évaporer cette eau sur les
cendres chaudes, vous les paîtrirez de
nouveau avec de l'eau de fleurs de feves;
ensuite vous mettrez cette pâte dans un
petit vaisseau de verre fort, bien bouché,
& quand il aura été durant quinze jours
en digestion dans le fumier chaud, vous
formerez des perles avec cette pâte dans
un moule d'argent : il sera bon d'observer
que le moule contienne quatre ou cinq
casses pour ï former autant de perles, &
qu'elles ne soient pas toutes de la même
figure, c'est-à-dire, qu'elles soient un peu
plus ou moins rondes les unes que les autres, afin de mieux imiter les naturelles; on
les percera pendant qu'elles sont molles,
avec un poil ou soie de pourceau des plus
gros. Vous les suspendrez dans un alam-

bic bien bouché, de peur que l'air ne les altere, & vous les ferez cuire de la sorte en mettant l'alambic au feu de sable modéré; quand il y aura été environ six heures, vous en retirerez les perles, & les aïant enveloppées toutes séparément dans un morceau de feuilles d'argent du plus fin & moins altéré, vous fendrez un barbeau, & aïant vuidé les entrailles & étanché le sang, vous ï mettrez les perles & ferez une pâte de ce barbeau sans beurre avec de la farine de feves, & le ferez cuire au four.

Quand vous tirerez vos perles du ventre du barbeau, si elles vous paroissent n'avoir pas assez de lustre, vous les laverez cinq à six fois de suite avec eau distillée des drogues suivantes, & de l'herbe nommée gratuli, des fleurs de feves, de l'alun de roche en poudre, de la litharge d'argent, des feuilles de plantin pilées, & un pey de salpêtre; enfin pour les durcir comme les naturelles, vous ferez une pâte comme je vais dire; prenez une once & demie de bonne callamine, une once de vitriol romain, six blancs d'oeufs, que vous battrez avec eau de plantin durant un demi quart d'heure, & vous mêlangerez le tout ensemble dans un alambic; & de l'eau qui en distillera, vous en formerez une pâte avec de la farine d'orge passée au tamis de soie, & vous envelopperez vos perles dans un petit linge blanc, vous les ferez cuire au four dans cette pâte, & soïez persuadé que si vous observez toutes ces choses avec exactitude, vous aurez des perles d'un grand prix, que les plus habiles Joailliers auront peine à distinguer des naturelles.

Pour contrefaire du Musc qui sera jugé aussi exquis que le naturel oriental.

Vous aurez une voliére ou petit colombier bien exposé au Soleil levant, dans un lieu gai, vous mettrez six pigeons patus, des plus noirs que vous pourrez avoir, & tous mâles, & vous commencerez aux trois derniers jours de la Lune à donner la semence d'aspic, au lieu d'autres graines qu'on donne ordinairement aux pigeons,

& au lieu d'eau commune, vous leur donnerez à boire d'eau rose. Puis au premier
jour de la Lune, vous les nourrirez de la
maniere suivante; vous aurez une pâte
composé de fine farine de feves, environ
le poids de six livres, que vous paîtrirez
avec de l'eau rose & les poudres ci-dessous spécifiées; savoir, des fleurs de spica
nardi, de calami aromatici, de chacun six
dragmes, de bonne canelle, de bons clous
de gérofle, de noix muscades & de gingembre, chacun six dragmes, le tout réduit
en fine poudre; & vous formerez de cette
pâte, des grains, de la grosseur d'un pois
chiche, & vous les ferez sécher au Soleil,
de peur qu'ils ne se moisissent; vous en
donnerez quatre fois par jour six à chaque
fois, continuerez l'espace de dix-huit jours,
& les abreuverez de l'eau rose, & aurez
grand soin de les tenir proprement, en net-
toïant bien leur fiente; au bout de ce tems
vous aurez un vaisseau de terre vernissé,
& coupant le col à chacun de vos pigeons,
vous ferez couler le sang dans ce vaisseau,
que vous aurez pesé auparavant, afin que

vous puissiez savoir au juste combien il y
aura d'onces de sang dans ce vaisseau; &
après que vous aurez ôté avec une plume
l'écume qui se trouvera sur le sang, vous
y joindrez de bon musc oriental, dissous
dans un peu de bonne eau de rose, il en
faut au moins une dragme pour trois onces
de sang, avec six gouttes de fiel de boeuf
sur le total, puis vous mettrez cette mixtion dans un matras, à col long bien bouché, & la ferez digérer durant quinze jours
dans du fumier de cheval bien chaud. Il
sera pourtant meilleur de faire cette digestion au gros Soleil d'été& quand on verra
que la matiere sera bien desséchée dans le
matras, on l'en tirera pour la mettre avec
du coton, dans une boëte de plomb neuf;
ce musc se trouvera si fort & si bon, qu'il
pourra aussi bien servir à en faire d'autre,
que si c'étoit du vrai musc d'Orient; &
par ce moïen on peut faire un gain considérable en faisant fréquemment cette
opération, puisque la multiplication ira à
plus de trente onces par une.

Pour falsifier l'Ambre gris.

Vous réduirez en poudre fine les drogues suivantes, que vous passerez au fin tamis; savoir, une once d'amidon, une once d'iris de Florence, une demie once d'aspalaton, une once de benjoin, une once & demie de sperma ceti, & une dragme de bon musc d'Orient, que vous ferez dissoudre pareillement dans de l'eau de Cannelle distillée, & vous ferez détremper une suffisante quantité de gomme adragant dans une pareille eau de Cannelle, & de tout cela formerez une pâte que vous mettrez en digestion, comme il a été dit du musc, & quand vous jugerez qu'elle sera suffisamment seche, vous la garderez pour l'usage dans une boête avec du coton, & la tiendrez si bien bouchée, qu'elle ne craigne point le vent; vous la pourrez conserver dix ans dans sa bonté.

Composition de Pastilles excellentes pour parfumer agréablement une chambre.

Vous prendrez quatre onces de benjoin, deux onces de storax, un quart
d'once de bois d'aloës, faites bouillir à petit
feu ces drogues durant une demie heure,
dans un vaisseau de terre vernissé, avec de
l'eau rose, en sorte que l'eau de rose surpasse de deux travers de doigt les drogues
qui doivent être concassées; ensuite vous
coulerez votre mixtion; vous en réserverez
l'eau qui reste; & aïant bien fait sécher le
marc, vous le pulvériserez en fine poudre
un mortier fait de chaux, avec une livre
de bon charbon de saule; puis vous faites
détremper de la gomme adragant dans
l'eau que vous avez en réserve; puis joignant à vos poudres une dragme de bon
musc d'Orient, dissous dans un peu d'eau
rose, vous faites de tout cela une pâte,
de laquelle vous formerez des pastilles
de la longueur & grosseur du petit doigt,
pointues d'un bout & plates de l'autre, en

sorte qu'elles se puissent tenir droites sur leur cube; & quand elles sont bien seches, on les allume par le bout pointu, & elles brûlent jusqu'à la fin en rendant une très suave odeur : pour les rendre encore meilleures, on y ajoute six grains de bon ambre gris.

Pour ramolir l'ivoire & la rendre propre à être jettée au moule.

On est quelquefois étonné de voir que l'on vend à vil prix des ouvrages d'ivoire d'une excellente cizelure : cela ne pourroit être si l'on n'avoit pas trouvé le secret d'amollir l'ivoire, pour être mise au moule, & par ainsi, faire en une heure ce que l'on ne pourroit faire en huit jours. Voici donc ce que j'en ai appris d'un habile Artiste de la Ville de Dantzic. Il faut bien ratisser un morceau d'ivoire, en sorte qu'il soit entièrement blanc; puis vous le faites bouillir dans de l'eau de mer clarifiée par filtration, avec six onces de racine de Mandragore, & vous éprouvez avec une spatule si elle est suffisamment molle pour être jettée au moule, qui doit être un peu chaud & bien net; quand le moule est plein, on le l'aisse refroidir, puis on ex- pose la figure d'ivoire à la rosée deux ou trois jours de suite.

Pour rompre des cordes
avec une herbe.

Vous chercherez sur quelque grand ar- bre un nid de Pie ou Agace, & vous irez lier ce nid avec de bonnes cordes neuves, en sorte que la mere n'y puisse entrer pour nourrir ses petits; puis vous étendrez sur la terre quelques nappes ou serviettes pour recevoir une herbe que la Pie va chercher pour rompre les cordes dont son nid est embarrassé, ce que le Créateur lui fait connoîitre par instinct na- turel, laquelle herbe elle rejette de son nid quand les cordes sont rompues, & ladite herbe tombant sur les nappes ou serviet- tes, vous la ramassez pour vous en servir, ou vous en allez chercher de semblable.

Pour rompre facilement une barre de fer.

Vous prendrez du savon réduit en colle un peu épaisse, vous en oindrez la barre; puis vous nettoierez l'endroit où vous voudrez que la barre soit rompue, & avec un pinceau vous oindrez cinq ou six fois cet endroit avec l'eau ardente, dont nous avons parlé ci-devant, qui soit rectifiée & quintessenciée jusqu'à trois fois, & elle rongera si subitement la substance du fer, qu'en moins de six heures de tems vous pourrez rompre aisément la barre.

Anneau mystérieux pour guérir du mal caduc.

Vous ferez un anneau de pur argent, dans le chaton duquel vous enchasserez un morceau de corne de pied d'Elan; puis vous choisirez un Lundi du Printems auquel la Lune sera en aspect bénin ou en conjonction avec Jupiter ou Vénus, & à l'heure favorable de la constellation, vous graverez en dedans de l'anneau ce qui suit. † Dabi † Habi † Haber † Habr †, puis l'aïant parfumé trois fois avec le parfum du Lundi, soïez assuré qu'en le portant habituellement au doigt du milieu de la main, il garantit du mal caduc.

Merveilleux Talismans contre les poisons & bêtes venimeuses.

L e Talisman dont je vais parler est gravé ci-devant, & est le premier après les sept des nombres mystérieux des planètes; il est d'une merveilleuse efficacité contre les poisons, en donnant à la personne qui le porte un pressentiment du danger prochain qui la menace, & on ressent une palpitation de coeur, qui avertit du péril. Il est aussi très efficace pour garantir de la morsure de toutes bêtes & insectes venimeuses. Voici de quelle maniere on doit faire, on formera une petite plaque de fin or, bien purifié & polie, un jour de Dimanche, à l'heure favorable de la constellation; on gravera les figures qui sont représentées au modele que j'en ai donné au lieu marqué ci-dessus; puis on parfumera trois fois du parfum propre au Dimanche, sous les auspices du Soleil; & l'aïant enveloppé dans un morceau d'étoffe de soie convenable, on la portera sur soi dans une bourse ou une petite boëte bien propre : on peut, si l'on veut, graver sur le revers de la plaque un Soleil dardant ses raïons sur plusieurs insectes comme sont crapauds, chenilles, &c.

Explication des quatre autres Talismans dont on donne ici les modeles gravés.

J'ai extrait fort exactement les figures de ces quatre Talismans d'un excellent Manuscrit original de la Bibliotheque impériale d'Inspruck. Le premier qui représente une face humaine, avec des caracteres hébraïques, est bon pour se concilier la bienveillance & la familiarité des esprits follets, des Distributeurs des richesses & des honneurs. Il doit être for-

mé au Dimanche, sous les auspices du Soleil, sur une plaque de fin or, avec les cérémonies du parfum convenable à l'heure
que l'on connoîtra que la planete sera dans
une situation favorable, & surtout, en bon
aspect avec Jupiter.

Le second, où l'on voit la figure d'un
bras qui sort d'un nuage, doit être formé
un Lundi, sous les auspices de la Lune, sur
une plaque d'argent pur & bien polie, avec
les cérémonies convenables du parfum,
& à l'heure de la constellation favorable.
Il est bon pour garantir les Voïageurs de
tous périls de terre & de mer, & princi-
palement des insultes des Brigands, des
Pirates & des écueils.

Le troisieme doit être formé au jour
de Mardi, sous les auspices de la planète
de Mars, avec les cérémonies du parfum
convenable, & à l'heure de l'heureuse
constellation, Mars étant en conjonction
avec Jupiter, ou regardé bénignement de
Vénus. Il est très efficace pour faire réussir les expéditions militaires, pour charmer
les armes à feu, en sorte qu'elles ne peu-

vent nuire à ceux qui les portent; il doit
être gravé sur une plaque de fer, purifié &
bien polie.

Le quatrieme doit être formé au
jour du Mercredi, sous les auspices de
Mercure, sur une fine plaque de Mercure
fixé, avec les cérémonies convenables du
parfum propre à la Planéte & à l'heure de
la constellation heureuse, Mercure étant
en conjonction ou en aspect bénin avec
Vénus ou la Lune. Sa vertu & propriété est
de rendre fortuné dans les jeux & dans les
entreprises de négoce ceux qui le portent;
il garantit aussi les Voïageurs des insultes
des Brigands, & dissipe ou découvre les
trahisons formées contre la vie de la personne qui en est muni.

Pour faire la véritable Eau
de la Reine de Hongrie.

Vous mettrez dans un alambic une
livre & demie de fleurs de romarin
bien fraîches, demie livre de fleurs de
pouillot, une demie livre de fleurs de mar-

jolaine, demie livre de fleurs de lavande, &
dessus tout cela trois pintes de bonne eau-
de-vie; aïant bien bouché l'alambic, pour
empêcher l'évaporation, vous le mettrez
durant vingtquatre heures en digestion
dans le fumier de cheval bien chaud; puis
vous le mettrez distiller au bain-marie.
L'usage de cette eau est d'en prendre une
ou deux fois la semaine, le matin à jeun,
environ la quantité d'une dragme, avec
quelque autre liqueur ou boisson, de s'en
laver le visage & tous les membres où l'on
se sent quelque douleur & débilité. Ce remede renouvelle les forces, rend l'esprit
net, dissipant les fuliginosités, conforte
la vue & la conserve jusqu'à la vieillesse
décrépite, fait paroître jeune la personne
qui en use, est admirable pour l'estomac
& la poitrine, en s'en frottant par-dessus :
ce remede ne veut point être chauffé, soit
que l'on s'en serve par potions ou par fric-
tion. Cette recette est la véritable qui fut
donnée à Isabelle, Reine de Hongrie.

Plusieurs manieres pour faire des Eaux
excellentes pour ôter les boutons du
visage & bien nétoïer la face, tant
de l'homme que de la femme.

Vous envelopperez du salpêtre dans
un linge fin; puis l'aïant trempé en
eau claire, vous toucherez les boutons
avec ledit linge trempé. Il y a une eau qui
est d'un bon usage pour embellir la face, &
que je conseille plus volontiers que ce que
je viens de dire du salpêtre. Vous prendrez deux pintes d'eau dans quoi vous aurez
fait cuire des feves fageolles tant qu'elles
se réduisent presque en pâte; cette eau
étant mise dans un alambic, vous y joindrez deux poignées de mouron, deux poignées d'argentine, une livre de veau haché,
avec six oeufs frais, & sur tout cela une
chopine de vinaigre blanc. Vous distillerez
cette mixtion au bain-marie, & vous aurez une eau excellente pour dissiper les
rougeurs du visage, en le lavant soir &
matin. Je sais qu'il y a une infinité de personnes qui craignent que ces distillations

ne les rendent vieilles dès leur jeune âge; mais en voici une qui a un effet tout contraire, puisqu'elle fait paroître jeunes les personnes d'un âge avancé. Vous pétrirez un pain avec trois livres de farine de froment, & une livre de farine de feves, avec du lait de chevre, sans levain trop aigre; quand vous l'aurez fait cuire au four, vous en ôterez toute la mie, que vous imbiberez bien avec de nouveau lait de chevre & six blancs d'oeufs passés à l'éponge; ajoutez-y une once de coquille d'oeufs calcinée & mêlangées; cela étant dans un alambic, vous en ferez une distillation au feu de sable, & vous aurez une excellente eau rajeunissante, en vous en frottant tous les jours le visage, qu'elle rendra uni & poli comme une glace. Ceux ou celles qui ont le visage brun ou un peu basané, pourront le faire devenir blanc comme neige, en se servant de la véritable eau de Venise, qui se fait en la maniere suivante. Vous prendrez deux pinte de lait d'une vache noire, au mois de Mai, une pinte d'eau de la vigne quand elle pleure, huit citrons & quatre

oranges, hachées menu par tranches, deux
onces de sucre candi, une demie once de
borax bien pulvérisé, quatre oignons de
Narcisse pilés, & vous mettrez tout cela
distiller & rectifier au bain-marie, & vous
en conserverez l'eau dans une bouteille
bien bouchée.

Poudre exquise pour embellir le visage, sans craindre que dans la suite il le roussisse ou se coupe comme fais le fard.

Vous prendrez trente pieds de mou-
tons & six pieds de veaux, dont vous
ôterez toute la chair, & ne vous servirez
que de ceux qui sont longs, vous les concasserez le mieux que vous pourrez, &
vous prendrez bien garde à la mouëlle qui
s'y trouvera, vous les mettrez bien cuire
dans un grand pot de terre neuf, & aurez soin dans le commencement du bouillon, de l'écumer doucement pour en ôter
l'ordure sans graisse; quand ils ont bouilli
l'espace de trois heures, vous les laisser-

ez bien refroidir; puis avec une cuillere d'argent, vous leverez la graisse sur la mouëlle qui sera congelée sur la surface du pot, sans en laisser aucunement; vous prendrez une pareille pesanteur de graisse, de pane de chevreau; & si ces deux graiss-es pesent une demie livre, vous y ajouterez une dragme de borax & autant d'alun de roche calciné, deux onces d'huile des qua-tre semences froides, & vous ferez bouil-lir le tout ensemble dans une pinte de vin blanc, qui soit bien clair, & le laissant refroidir, vous leverez toute la superficie de la graisse qui sera congelée, & vous la laverez & modifierez plusieurs fois dans de l'eau de rose, jusqu'à ce qu'elle soit devenue fort blanche, & vous la mettrez dans de petits pots de faïence pour vous en servir.

Composition d'une Savonette pour le visage & pour les mains, qui rend agréable la personne qui s'en sert.

Prenez une livre d'Iris de Florence, quatre onces de storax, deux onces de santal citrin, une demie once de clous de gérofles, autant de canelle fine, une noix muscade & douze grains d'ambre gris, que tout cela soit réduit en poudre passée au tamis; l'ambre gris se met séparément; puis prenez deux livres de bon savon blanc, qu'il faut raper & mettre dans trois chopines d'eau-de-vie, pour tremper quatre ou cinq jours; puis le paîtrissez avec de l'eau de fleurs d'oranger, & vous en ferez une pâte avec de l'amidon fin passé au tamis, & c'est pour lors que vous pourrez mélanger votre ambre gris dissous avec un peu de gomme adragant liquéfiée dans de l'eau de senteur; & de cette pâte vous formerez des savonnettes que vous sécherez à l'ombre, & les fermerez dans des boëtes avec du coton.

Pour faire de bonne eau d'Ange qui embaume par son agréable odeur.

Ayez un grand alambic, dans lequel vous mettrez les drogues suivantes: benjoin quatre onces, storax deux onces, santal citrin une once, clous de gérofles deux dragmes, deux ou trois morceaux d'Iris de Florence, la moitié d'une écorce de citron, deux noix muscades, canelle demie once, deux pintes de bonne eau de roche, chopine d'eau de fleurs d'oranges, chopine d'eau de mélilot; vous mettrez le tout dans un alambic bien scellé & distillé au bain-marie; & cette distillation est une eau d'ange exquise.

Lumiere qui a du rapport à la Main de gloire y pour endormir tous ceux qui sont dans la maison.

Prenez quatre onces d'herbe appellée serpentine, mettez-la dans un pot de terre bouché, puis faites-la digérer au ventre de cheval, c'est-à-dire, dans le fumier

chaud durant quinze jours; elle se changera en des petits vers rouges, desquels
vous tirerez une huile selon les principes
de l'art, & de cette huile vous garnirez une
lampe, & lorsqu'elle sera allumée dans une
chambre, elle provoquera au sommeil, &
endormira si profondément ceux qui seront dans ladite chambre, que l'on ne
pourra en éveiller aucun, tant que la lampe
sera allumée.

SECRETS CURIEUX
ÉPROUVÉS,
Trouvés dans le Cabinet d'un Curieux de la Nature.

Secret merveilleux pour faire le Cadran ou Boussole Simpatique, par lequel on pourra écrire à un Ami éloigné, & lui faire connoître notre intention en même tems, & un moment après qu'on lui aura écrit.

Faites faire deux boëtes de fin Acier, (semblables aux boëtes ordinaires des Boussoles de Mer) qui soient d'un même poids, grandeur de figure, avec un bord assez grand pour y mettre tout alentour toutes les lettres Alphabériques, qu'il y ait un pivot au fond pour y poser une aiguille, comme à un Cadran commun : il faut prendre garde que vos boëtes soient bien polies & bien nettes, puis chercher entre plusieurs pierres d'Aimant fin & bon, une qui ait du côté qui tend au midi des veines blanches, & celle que vous trouverez la plus longue & la plus droite, vous la ferez scier en deux parties les plus justes que vous pourrez pour en faire deux aiguilles, pour vos deux boëtes, il faut qu'elles soient d'une même épaisseur, & d'un même poids, avec un petit trou, pour les poser sur le pivot en équilibre. Cela ainsi préparé, vous donnerez une de ces boètes à votre Ami avec qui vous voulez lier correspondance & lui marquerez une heure de quelque jour de la semaine, même une heure de chaque jour si on le souhaite, & davantage si on veut, mais cela sembleroit un peu ennuïant, car il faut, lorsqu'on veut parler l'un à l'autre, être dans son cabinet un quart d'heure ou une demie heure, une: heure même avant celle que vous aurez assignée à votre Ami, & aussi-tôt poser votre aiguille sur le pivot de la. boëte & la regarder pendant ce tems, il faut qu'il y

ait une croix, ou quelqu'autre marque au
commencement de l'Alphabet, afin de voir
quand l'aiguille fera fur cette marque, que
vous avez intention l'un & l'autre de pari-
er, car il faut qu'elle se tourne d'elle-même,
après que l'ami qui fera éloigné, l'aura
mise toujours avant que de commencer
fur cette marque; ainsi l'ami pour faire
connoître son intention à l'autre, tournera son aiguille sur une lettre,&en même
tems l'autre se tournera d'elle-même sur la
lettre semblable, par le rapport qu'elles en
ont ensemble. Quand vous ferez réponse,
il faut faire la même chose, & lorsque l'on
aura achevé, on remettera l'aiguille sur la
même marque. Notez qu'après avoir parlé
il faut avoir bien foin de serrer la boëte
& l'aiguille séparément en du coton, dans
une boëte de bois, & les garder surtout de
la rouille.

Pour faire porter un fusil le double de son ordinaire.

Il faut, par exemple, sur deux onces de bonne poudre, mettre une once de poivre blanc pilé grossièrement, & mêler bien le tout; chargez votre fusil de ladite poudre un peu plus que la charge ordinaire, & par-dessus la poudre mettez-y du camphre que vous battrez bien; puis mettez par-dessus la balle, enveloppée avec du papier, un pistolet portera aussi loin qu'un fusil. On prend aussi une herbe qu'on appelle Psillon; c'est une graine que l'on cueille aux signe du Lion, elle a la semence petite comme la moutarde; & on la brûle dans le canon du fusil, en rougissant le canon dans une forge; & c'est fait.

Manière de faire un Sirop pour conserver la vie.

Prenez huit livres de suc mercurial, deux livres de suc de bourrache, tige & feuilles, douze livres de miel de Narbonne ou autre, le meilleur du païs, mettez le tout bouillir ensemble un bouillon pour l'écumer, & le passez par la chauffe à Hypocras & le clarifiez.

Mettez à part infuser pendant vingt-quatre heures, quatre onces de racine de gentiane, coupée par tranches dans trois chopines de vin blanc, sur des cendres chaudes, agitant de tems en tems; vous passerez ce vin dans un linge sans l'exprimer.

Mettez cette collature dans lesdits sucs avec le miel, faisant bouillir doucement le tout, & cuire en consistance de sirop; vous les mettrez à rafraîchir dans une terrine vernissée, après dans des bouteilles, que vous conserverez en un lieu tempéré pour vous en servir comme il est dit, en en prenant tous les matins une cuillerée.

Le Sirop dont je vous parle dans ce mémoire, prolonge la vie, rétablit la santé contre toutes sortes de maladies, même la goutte, dissipe la chaleur des entrailles; & quand il ne resteroit dans le corps qu'un petit morceau de poulmon, & que le reste seroit gâté, il maintiendroit le bon, &

rétabliroit le mauvais; il est bon pour les douleurs de l'estomac, pour la sciatique, les vertiges, la migraine, & généralement pour les douleurs internes.

En prenant seulement tous les matins une cuillerée de ce Sirop, on peut s'assurer de n'avoir besoin ni de médecin, ni d'apothicaire; & on passera les jours de la vie destinés de Dieu en une heureuse santé; car il a une telle vertu, qu'il ne peut souffrir corruption ni mauvaise humeur dans le corps, faisant évacuer le tout doucement par le bas.

Ce secret a été donné par un pauvre Païsan de Calabre, à celui qui fut nommé par Charles V, pour Général de cette belle Armée navale qu'il envoïa en Barbarie; le bon homme étoit âgé de 132 ans, à ce qu'il assura à ce Général, lequel, étoit allé loger chez lui; & le voïant d'un si grand âge, s'informa de sa maniere de vivre & de plusieurs de ses voisins, qui étoient tous presque âgés comme lui, & même aussi sains & gaillards que s'ils n'avoient eu que trente ans, quoique, d'ailleurs ils avouerent qu'lis avoient mené une vie assez libertine.

Un comte d'Allemagne, malade depuis treize ans, fut guéri; l'Electeur de Baviere, condamné & abandonné par les Médecins de l'Empire, la Marquise de Brandebourg paralytique depuis neuf ans, la Duchesse de Fribourg, demeurée en langueur après une longue maladie, & plusieurs autres personnes de qualité dont le nombre est presque infini; enfin tous ceux qui s'en sont servis, ont fait une heureuse expérience de sa bonté.

Pour planter toutes sortes de branches d'arbres & leur faire prendre racine.

Il faut couper une branche de quelqu'arbre que ce soit, mais il ne faut pas qu'il soit en séve; faites avec un couteau au bout une croix de la longueur de deux ou trois travers de doigt, mettez un milieu un grain d'avoine, le germe en bas, mais qu'il aille au fond, & à chaque fente de côté un grain d'avoine, le germe en haut; & mettez ainsi la branche en terre.

Pour augmenter le Savon.

Prenez dix pots d'eau, six livres de soude d'Alicant, & deux livres de coques d'amandes en cendre; de tout cela faites une lessive que vous garderez.

Après, prenez dix livres de Savon coupé par morceaux, mettez-les dans une chaudière sur un petit feu jusqu'à ce qu'il soit fondu; cela fait, versez-y dessus dix livres de ladite lessive, & faites-les bouillir ensemble dix à douze bouillons, après prenez de l'empois, détrempez-le dans la susdite lessive, & versez le tout dans un chaudron où le savon est fondu, & où on a jetté la susdite lessive, & remuez bien le tout, faites-le bouillir un bouillon; après aïez une caisse de bois faite exprès, jettez-y dedans un peu de fleur de chaux vive, puis versez-y la matiere fondue, & la laissez sé-cher à l'ombre & bien à l'air. Nota. Que l'empois n'est que pour blanchir la matiere & lui donner la couleur du Savon.

Pour augmenter le Saffran.

Prenez une once & demie d'eau-de-vie, Sucre fin deux dragmes, salpêtre de-mie dragme; mettez le tout sur le feu, & y ajoutez dedans une once de SaFfran, & après avoir remué ladite décoction, lais-sez-la sécher au Soleil, & vous trouverez une belle augmentation.

Pour augmenter de la moitié du poivre pilé.

Il faut mêler avec le poivre de la graine de cardamomum, autrement graine de Paradis.

Pour augmenter la cire blanche.

Prenez dix livres de cire blanche, mettez-y dedans, étant fondue, trois livres de farine d'Iris bien tamisée, & re-muez-la bien fort; incorporez le tout avec une spatule de bois.

Pour augmenter le Musc: gardez le secret.

Prenez de la rhubarbe de la plus vieille & de la plus pourrie, mettez-la en poudre ou coupez-la par morceaux, faites-la bouillir dans de l'eau commune, en remuant toujours jusqu'à ce qu'elle vienne en consistance de thériaque, laissez-la sécher d'elle-même à l'ombre & mêlez cela avec le Musc.

Pour la teinture des cheveux lorsqu'ils sont trop ardens, & pour les plumes blanches lorsquelles sont tachées.

Prenez de la litharge d'or en poudre, mettez-la dans l'eau & la remuez bien avec un bâton, faites-la bouillir, & dans l'eau qui bout mettez y les cheveux, si vous mettez peu de litharge, la couleur ne fera pas si forte, si vous en mettez beaucoup elle fera plus forte, il n'est pas nécessaire de la faire bouillir, il suffit que le tout soit bien chaud; s'il bout il sera plutôt fait, mais non pas si bien.

Vernis d'or admirablement beau, aïant autant & plus d'éclat que la véritable dorure, durant aussi longtems.

Sur deux mingles de bon esprit de vin bien rectifié, ou si vous voulez un peu plus, si vous voulez que le vernis ne soit point si rouge, vous pourrez aussi diminuer un peu le poids de la gomme laque, qui le fait rouge.

Prenez quatre onces de gomme laque en grain, deux onces de gomme gutte en poudre dans unp fiole avec votre esprit de vin, & faites diminuer le tout d'un tiers sur un feu de sable; pour s'en servir on met une couche dudit vernis sur ce que vous souhaitez dorer, soit bois, métail, livre ou autre chose, ensuite vous mettrez une couche fort proprement de métail faux en feuille, laissant sécher le tout, & quand il est sec vous remettez encore une couche dudit vernis fur la feuille dudit métal, & le laissez derechef sécher, continuant ainsi jusqu'à ce que votre dorure ait pris autant de couleur qu'il en faut.

Nota. Qu'il faut se servir d'un pinceau.

Nota. Encore que pour bien réussir, il faut commencer par une couche, comme l'on fait aux Tableaux.

Contre la Gravelle, pour la guérir & empêcher qu'elle n'augmente; recette éprouvée.

Prenez une pinte d'eau de pluie, deux cuillerées d'orge mondé, & un morceau de réglisse, long comme la main, battu bien plat. Il faut laisser tremper ceci toute une journée, & après le faire bouillir jusqu'à ce que l'orge commence à crever. Prenez de ceci tous les matins & le soir quatre cuillerées avec huit cuillerées de lait de vache, à la maniere que l'on prend du café.

Pour nétoïer les dents & les gencives, & faire croître la chair.

Prenez une once de Mirrhe bien pilée, deux cuillerées de miel blanc du meil-

leur & un peu de sauge verte bien pulvérisée, & vous en frotterez les dents soir &
matin.

Contre l'haleine puante.

Prenez le soir en vous couchant un
morceau de Mirrhe, gros comme une
noisette, que vous ferez fondre dans la
bouche.

Pour la Fièvre tierce & quarte.

Chardon béni, ou *Carduus benedictus*,
de l'absinthe, & du saffran, versez-y
dessus de l'eau bouillante & la buvez de
la même maniere comme l'on fait le Thé,
tous les jours ou un peu avant que la fiévre
vienne, elle s'en ira bientôt.

SECRETS.
MERVEILLEUX,

Lesquels se doivent prendre &
composer dessous les influences des
Etoiles, pour guérir en peu de tems
les infirmités ci-dessous écrites.

Secret admirable pour se conserver
toujours en santé, souvent mis en
usage par sa Majeslé Charles V.

Prenez à l'heure du Soleil, comme Auteur de la vie, quatre branches de rue,
neuf grains de geniévre, une noix, une
figue seche & un peu de sel; pilez tout ensemble & le mangez à jeun, en plusieurs
fois.

Pour connaître si un Malade
vivra ou mourra.

Divers font les jugemens qui se font d'aucuns, si un Malade doit vivre ou mourir; mais je publierai le présent signe infaillible, duquel se pourra servir un chacun, & en faire un ferme jugement; prenez une ortie, & la mettez dans l'urine du Malade, incontinent après que le Malade l'aura faite, & qu'elle ne soit point corrompue, & laissez l'ortie dans ladite urine l'espace de vingt-quatre heures, & après si l'ortie se trouve seche, c'est; signe de mort, & si elle se trouve verte, c'est un signe de vie.

Pour se préserver de la goûte.

Ce mal est causé de Saturne, prenez à l'heure de Mars, ou de Venus, l'herbe nommée Materica, que vous pilerez, & mêlerez avec le jaune d'un oeuf cuit en façon d'une omelette, & mangez-en à jeun, cela vous préservera tout-à-fait de la goûte.

Pour les Fistules.

Ce mal est causé par Mars, prenez à l'heure de Saturne ou de Jupiter ses ennemis, la racine de Liréos mise en poudre, que vous mêlerez avec la cendre des huîtres brûlées, saindoux de pourceau, & vous l'appliquerez sur la Fistule.

Pour lever les taches de la petite vérole.

Ce mal est causé par Mars, prenez à l'heure de la Lune, Mercure, Sa turne ou Jupiter, ses ennemis, litharge, racine de cannes seches, farine de pois chiches, farine de ris, pilés & mêlés avec l'huile d'amande douce & graisse de mouton liquefiée, & il en faut oindre le visage, & le laisser ainsi toute la nuit & la matinée, & le laverez avec de l'eau chaude.

Pour la Pierre de la Vessie.

Ce mal est causé de la Lune, prenez à l'heure dé Mars ou Mercure, des Scorpions, mettez-les dans un pot de terre neuve qui ait la bouche étroite, & le mettez dans un four qui ne soit pas trop chaud l'espace de six heures, puis l'ôtez & en pilez subitement.

Aux douleurs de la colique.

Ce mal est causé de la Lune, prenez à l'heure de Mars ou Mercure, ses ennemis, le fruit de laurier, & en faite une poudre, & en donnez à boire le poids de deux dragmes avec vin aromatique, cela ôtera la douleur.

Pour la difficulté d'uriner.

Ce mal est causé de la Lune ; prenez à l'heure de Mars du Mercure, ses ennemis, la feuille & semence du Triolet, & la semence d'Abrotanus, & les faites bouillir dans de l'eau, en laquelle décoction vous ajouterez une cantharide sans têtes, pieds & aîles, mis en poudre, & en boirez une cuillerée, cela fera uriner.

Pour l'Hydropisie.

Ce mal est causé de Saturne, prenez à l'heure de Mars ou Venus, ses ennemis un Faisan, tuez-le & en prenez le sang, donnez-en deux verres à boire, & le Malade guérira infailliblement.

Pour les douleurs d'estomac.

Ce mal est causé du Soleil, prenez à l'heure de Mars, Mercure ou la Lune, ses ennemis, une poule & la tuez, & levez dehors cette pluche qui se trouve dans le petit ventre, & en faites une poudre, la donnant à boire avec du vin, c'est un bon remede.

TABLE.

Fin de la Table.

Made in United States
North Haven, CT
04 October 2024

58219054R00153